국어가 잡히는 초등 어휘 ❹

날마다 명심보감

임성훈 글 | 뜬금 그림

머핀북

작가의 말

　《명심보감》은 우리 선조들이 인격 수양을 위해 어릴 때부터 서당과 집에서 열심히 읽었던 어린이 한문 교양서예요. 다른 이들에게 모범이 되었던 역사 인물들의 주옥같은 말들이 빼곡히 실려 있지요. 《명심보감》은 고려 시대 때 편찬된 책이니 나이가 상당히 많아요. 하지만 오늘날에도 인생을 살아가는 데 근본이 되고 인성을 바로잡아 주는 지침서로 손색이 없답니다. 《명심보감》이 우리 아이들에게 어떤 도움이 되는지 구체적으로 살펴볼까요?

　첫째, 곧은 마음과 참된 인성을 가꾸어 주어요. 우리 조상들은 어릴 때부터 마음을 잘 다스리고 올바른 인성을 길러야 큰 사람이 될 수 있다고 생각했어요. '일일불념선 제악개자기(一日不念善 諸惡皆自起:하루라도 착한 일을 생각하지 않으면 나쁜 마음이 저절로 일어난다)'를 읽으면서 내 마음의 그릇을 선한 생각으로 채우고, '지족가락 무탐즉우(知足可樂 務貪則憂:만족할 줄 알면 마음이 즐겁고 탐욕이 지나치면 근심이 생긴다)'를 쓰면서 해로운 욕심에 대해 생각해 보세요. 《명심보감》의 내용을 새기는 사이, 마음이 깊어지고 단단해진 나를 발견할 수 있을 거예요.

　둘째, 사람들과 잘 사귀며 살아가는 방법과 그 지혜를 얻을 수 있어요. 앞으로는 사람의 마음을 잘 이해하는 사람이 더욱 주목받는 시대가 될 거예요. 왜냐하면 어지간한 일은 인공 지능(AI)이 사람의 일을 대신할 것이고, 사람이 해야 할 일은 인간에 대한 이해를 바탕으로 인공 지능에게 바른 가치관을 심어 주는 것일 테니까요. 무엇보다 다른 사람들을 넓은 마음으로 이해하고 품다 보면 오히려 더 많은 것을 얻게 되어 나의 삶이 더 풍요로워진답니다. '굴기자 능

처중 호승자 필우적(屈己者 能處重 好勝者 必遇敵:자신을 굽히면 중요한 자리에 오를 수 있지만, 이기려고만 하면 반드시 적을 만난다)' 같은 구절을 반복해서 읽고 곰곰이 생각해 보세요. 인간의 마음에 대해, 진실한 인간관계에 대해 깊이 고민하는 계기가 될 거예요.

셋째, 필수 한자를 공부할 수 있어요. 무슨 한자인지도 모르고 단어의 뜻을 피상적으로만 아는 아이와 한자를 꾸준히 학습하여 단어의 깊은 의미까지 정확하게 알고 있는 아이의 어휘력은 하늘과 땅 차이예요. 한자 어휘력을 제대로 갖추면 사고력과 표현력도 저절로 탄탄해질 수밖에 없답니다. 그러니 《명심보감》 구절을 그저 눈으로만 읽지 말고 중요한 한자를 따라 쓰면서 공부해 보길 권합니다.

이 책 《날마다 명심보감》은 원전의 방대한 내용 가운데 어린이들의 인성 함양에 도움이 될 만한 내용을 주제별로 뽑아 수록하였어요. 재미있는 만화와 함께 하루에 한 구절씩 읽어 보세요. 따뜻한 마음과 겸손한 지혜, 가족과 친구를 대하는 바른 태도, 세상을 살아가는 슬기와 지혜가 여러분의 마음속에 깊이 새겨질 거예요.

마지막으로 이 책이 나오기까지 애써 주신 머핀북 출판사와 각 구절의 뜻에 쏙 들어맞는 그림을 그려 주신 뜬금 작가님께 감사의 말씀을 전합니다.

2023년 10월 아레테인문아카데미, 임성훈

차례

1장 복을 부르는 바른 삶   6

위선자 천보지이복 위불선자 천보지이화 | 물이선소이불위 물이악소이위지
일일불념선 제악개자기 | 은의광시 인생하처불상봉 | 순천자존 역천자망
인간사어 천청약뢰 암실기심 신목여전 | 사생유명 부귀재천
화불가행면 복불가재구 | 견인지선 이심기지선 견인지악 이심기지악
명심보감 글쓰기 ① | 숨은 명심보감 찾기 ① 호숫가 공원

2장 따뜻한 마음과 겸손한 지혜   30

지족가락 무탐즉우 | 남상도상신 망동반치화 | 만초손 겸수익
좌밀실 여통구 어촌심 여육마 가면과 | 시은물구보 여인물추회
심불부인 면무참색 | 책인자 부전교 자서자 불개과
인일시지분 면백일지우 | 굴기자 능처중 호승자 필우적
명심보감 글쓰기 ② | 숨은 명심보감 찾기 ② 패스트푸드점

3장 가족과 친구를 대하는 바른 태도   54

효어친 자역효지 신기불효 자하효언 | 입신유의 이효위본
범제비유 사무대소 무득전행 필자품어가장 | 부불친혜빈불소 차시인간대장부
상식만천하 지심능기인 | 불결자화 휴요종 무의지붕 불가교
군자지교 담여수 소인지교 감약례 | 노요지마력 일구견인심
범차인물 불가손괴불환
명심보감 글쓰기 ③ | 숨은 명심보감 찾기 ③ 번화가

4장 바른길로 이끄는 행실과 예절   78

대장부당용인 무위인소용 | 물이귀기이천인 물이자대이멸소 물이시용이경적
문인지과실 여문부모지명 이가득문 구불가언야 | 근위무가지보 신시호신지부
도오선자 시오적 도오악자 시오사 | 만사종관 기복자후 | 과전불납리 이하부정관
옥불탁 불성기 인불학 부지도 | 구설자 화환지문 멸신지부야
명심보감 글쓰기 ④ | 숨은 명심보감 찾기 ④ 사무실

5장 세상을 살아가는 참된 태도 1   102

가화빈야호 불의부여하 | 기취비상락 수방불측우 | 득총사욕 거안려위
과거사여경조 미래사암사칠 | 의인막용 용인물의 | 화호화피난화골 지인지면부지심
결원어인 위지종화 사선불위 위지자적 | 불경일사 부장일지
황금천냥미위귀 득인일어승천금
명심보감 글쓰기 ⑤ | 숨은 명심보감 찾기 ⑤ 백화점

6장 세상을 살아가는 참된 태도 2   126

대부유천 소부유근 | 성가지아 석분여금 패가지아 용금여분
수지청즉무어 인지찰즉무도 | 경목지사 공미개진 배후지언 기족심신
무고이득천금 불유대복 필유대화 | 구주령인천 빈래친야소
물위금일불학이유내일 | 양갱수미 중구난조 | 일월수명 불조복분지하
명심보감 글쓰기 ⑥ | 숨은 명심보감 찾기 ⑥ 상가

명심보감 퀴즈   150
숨은 명심보감 찾기 정답   154

1장
복을 부르는 바른 삶

01 위선자 천보지이복 위불선자 천보지이화 - 공자

착한 일을 하면 하늘이 복으로 갚고
나쁜 일을 하면 하늘이 재앙으로 갚는다

원문 따라 쓰기

爲善者는 天報之以福하고 爲不善者는 天報之以禍니라.

爲	善	者	天	報	之	以	福
할 위	착할 선	사람 자	하늘 천	갚을 보	어조사 지	써 이	복 복

爲	不	善	者	天	報	之	以	禍
할 위	아닐 불	착할 선	사람 자	하늘 천	갚을 보	어조사 지	써 이	재앙 화

함께 생각해요

많은 사람들이 착한 사람은 복을 받고 나쁜 사람은 벌을 받기 바라지요. 하지만 현실은 꼭 그렇지 않아요. 착한 일을 많이 해도 안 좋은 일이 생길 수 있고, 반대로 나쁜 짓을 해도 운 좋게 벌을 피하는 경우도 있어요. 그렇다고 나쁜 짓을 일삼고 멋대로 행동해도 될까요? 절대 그래선 안 돼요. 당장 눈앞의 결과만 보지 말고 양심에 따라 착하게 살아야 해요. 그것이 바로 올바른 삶이니까요. 무엇보다 내 행동을 아무도 보지 않는 것 같지만, 나 스스로는 분명히 알고 있어요. 자신에게 떳떳하면 무슨 일을 하든 마음이 즐겁고 자신감이 넘친답니다.

비슷한 속담

뿌린 대로 거둔다

좋은 씨를 뿌리고 잘 가꾸면 좋은 수확물을 얻을 수 있어요. 마찬가지로 바른 마음으로 열심히 노력하면 좋은 결과를 얻을 수 있다는 뜻이에요.

착한 일은 작더라도 꼭 실천하고
나쁜 일은 작더라도 절대 하지 말라

원문 따라 쓰기

勿以善小而不爲하고 勿以惡小而爲之하라.

勿	以	善	小	而	不	爲
말 물	써 이	착할 선	작을 소	말 이을 이	아닐 불	할 위

勿	以	惡	小	而	爲	之
말 물	써 이	악할 악	작을 소	말 이을 이	할 위	갈 지

함께 생각해요

우리는 무엇이 착한 행동인지 잘 알고 있어요. 그런데 그 행동이 보잘것없게 느껴지거나 티가 별로 나지 않으면 잘 실천하지 않아요. 그래서 작은 선행을 실천하기보다는, 몸이 편하고 더 이익이 되는 일을 선택하지요. 하지만 그러다 보면 나도 모르게 양심이 마비되어 버려요. 마찬가지로 사소하다고 생각해 나쁜 행동을 습관처럼 하다 보면 모두가 손가락질하는 커다란 범죄도 서슴지 않게 돼요. 지금부터라도 늘 양심의 소리에 귀를 기울이면서 작은 선행을 조금씩 실천해 보세요. 작은 선행이 밑거름이 되어 큰 선행을 할 수 있는 원동력이 된답니다.

비슷한 속담

바늘 쌈지에서 도둑이 난다

바늘을 훔치던 사람이 큰 물건을 훔치는 도둑이 된다는 뜻이에요. 아무리 작은 일이라도 나쁜 짓을 자꾸 하다 보면 버릇이 되어 결국 큰 죄를 저지른다는 말이지요.

하루라도 착한 일을 생각하지 않으면
나쁜 마음이 저절로 일어난다

원문 따라 쓰기

一日不念善이면 諸惡이 皆自起니라.

一	日	不	念	善
한 일	날 일	아닐 불	생각 념	착할 선

諸	惡	皆	自	起
모두 제	악할 악	다 개	스스로 자	일어날 기

함께 생각해요

우리가 어떤 생각을 하느냐에 따라 마음의 그릇에 담기는 것들이 달라져요. 착한 생각을 하면 착한 마음으로 채워지고, 나쁜 생각을 하면 나쁜 마음으로 채워지지요. 그리고 마음의 주인은 수시로 바뀐답니다. 그래서 조금만 방심하면 잘난 체하고 뽐내고 싶은 마음, 시기, 질투 같은 어두운 생각이 가득 찰 수 있어요. 나쁜 생각이 슬며시 고개를 들면, 착한 생각으로 마음의 그릇을 채우려고 노력해 보세요. 나의 착한 생각이 착한 마음을 만들고 행동도 똑같이 선하게 바뀔 거예요.

비슷한 속담

옳은 일을 하면 죽어도 옳은 귀신이 된다
착한 마음으로 선행을 베푼 사람은 죽어도 여한이 없고 억울하지 않다는 말이에요.

비슷한 명언

우리의 생각을 바꾸면 인생을 바꿀 수 있다. 왜냐하면 우리가 생각하는 것이 우리를 만들기 때문이다. - 데일 카네기 (미국의 작가)

04 은의광시 인생하처불상봉 - 《경행록》

은혜와 의리를 널리 베풀어라.
인생의 어느 곳에서든 만날 것이다

원문 따라 쓰기

恩義를 廣施하라. 人生何處不相逢이니.

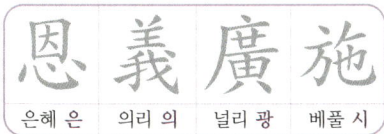

恩 은혜 은 　義 의리 의 　廣 널리 광 　施 베풀 시

人 사람 인 　生 살 생 　何 어찌 하 　處 곳 처 　不 아닐 불 　相 서로 상 　逢 만날 봉

함께 생각해요

손해를 보는 것 같더라도 내가 먼저 베풀어 보세요. 마음이 뿌듯하고 행복한 기분이 들 거예요. 또한 나에게 신세를 진 상대방이 나중에 더 크게 갚는 경우도 많답니다. 물론 돌려받길 바라는 마음으로 선행을 베풀어서는 안 되겠지요?

그리고 다른 사람과 사이 좋게 지내도록 노력해야 해요. 저마다 성격과 생각이 다른 사람들과 같이 지내다 보면, 사이가 서먹해지는 일이 종종 생길 수 있어요. 그렇더라도 그 사람에게 나쁜 마음을 품어선 안 돼요. '원수는 외나무다리에서 만난다'는 속담처럼, 상대방을 피하기 어려운 곳에서 만난다면 그보다 괴로운 일은 없을 테니까요.

비슷한 명언

당신이 오늘 베푼 선행은 내일이면 사람들에게 잊혀질 것이다. 그래도 선행을 베풀어라. - 테레사 수녀

05 순천자존 역천자망 - 맹자

하늘의 뜻을 따르는 자는 살고
하늘의 뜻을 거스르는 자는 망한다

원문 따라 쓰기

順天者는 存하고 逆天者는 亡이니라.

順	天	者	存	逆	天	者	亡
순할 순	하늘 천	사람 자	있을 존	거스를 역	하늘 천	사람 자	망할 망

함께 생각해요

여기서 '하늘[天]'은 자연의 하늘이나 신을 뜻하는 것이 아니에요. 자연의 이치 또는 바른 도리를 말해요. 그러니까 '사람의 마음속에 본래부터 존재하는 양심, 도덕심'으로 이해하면 돼요. 인간으로서 마땅히 지켜야 할 양심을 따르는 것이 중요하다는 의미지요. 그렇지 않고 도덕적으로 옳지 않은 행동을 하면 탈이 나기 마련이에요. 돈을 많이 벌 생각에 환경을 오염시키는 제품을 만들거나 다른 사람을 속이고 나만 잘되려고 하면 당연히 문제가 되겠지요? 그러니 하늘의 뜻에 따라 바르게 살면 우리 삶이 더욱 빛날 거예요.

비슷한 우화

<금도끼 은도끼>

한 나무꾼이 나무를 하다가 연못에 도끼를 빠뜨렸어요. 그러자 산신령이 나타나 금도끼, 은도끼, 쇠도끼를 보여 주며 어떤 도끼를 빠뜨렸냐고 물었지요. 착한 나무꾼은 자신의 쇠도끼를 골랐고, 산신령은 정직한 나무꾼에게 금도끼와 은도끼를 모두 주었지요. 이 이야기는 내가 어떻게 행동하느냐에 따라 복과 재앙이 달라진다는 교훈이 담겨 있답니다.

06 인간사어 천청약뢰 암실기심 신목여전 - 현제

사사로운 말이라도 하늘에게는 천둥처럼 들리고, 어두운 방에서 마음을 속여도 신에게는 번개처럼 보인다

원문 따라 쓰기

人間私語라도 天聽은 若雷하고 暗室欺心이라도 神目은 如電이니라.

人	間	私	語	天	聽	若	雷
사람 인	사이 간	사사로울 사	말씀 어	하늘 천	들을 청	같을 약	우레 뢰

暗	室	欺	心	神	目	如	電
어두울 암	집 실	속일 기	마음 심	귀신 신	눈 목	같을 여	번개 전

함께 생각해요

이 세상에 비밀은 없어요. 아무리 조심스럽게 속닥거려도 비밀을 말하는 사람과 듣는 사람, 두 사람은 이미 알고 있지요. 비밀은 결국 드러나고 누구도 속일 수 없다는 것을 마음에 잘 새기면 좋겠어요. 그러니 다른 사람을 험담하는 말, 남을 속이고 나쁜 일을 꾸미는 행동은 하지 말아야 해요. 무엇보다 누가 보든 보지 않든, 자신의 양심을 속이는 말과 행동은 하지 않는 것이 좋아요. 온 세상이 내 마음의 소리를 듣고 있다고 생각하면 실수하는 일이 훨씬 적을 거예요.

말에 관한 속담

화살은 쏘고 주워도 말은 하고 못 줍는다
한번 뱉은 말은 주워 담기 어려우니 늘 말조심해야 한다는 뜻이에요.

혀 아래 도끼 들었다
말 한마디 잘못하면 곤란한 일이 생길 수 있고, 남에게 상처를 줄 수도 있어요. 그러니 늘 신중하게 생각하고 말하도록 해요.

07 사생유명 부귀재천 - 공자

죽고 사는 것은 운명에 달려 있고
부유함과 귀함은 하늘에 달려 있다

원문 따라 쓰기

死生은 有命이요 富貴는 在天이니라.

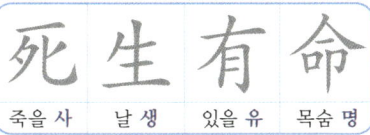

死 죽을 사　生 날 생　有 있을 유　命 목숨 명　　富 부유할 부　貴 귀할 귀　在 있을 재　天 하늘 천

함께 생각해요

태어나고 죽는 것은 우리가 어쩌지 못해요. 내게 주어진 생명을 감사히 여기며 따를 수밖에 없지요. 그런데 부자가 되고 큰 명예를 얻는 것도 하늘에 달려 있다는 구절은, 어떤 노력을 해도 안 되니 하늘이 정해 준 운명대로 살라는 것처럼 읽혀요. 하지만 밑바탕에 깔려 있는 진짜 뜻은 하늘의 이치를 거스르지 말고 주어진 조건에 맞게 살라는 거예요. 그 누구도 자신이 타고난 조건을 마음대로 바꿀 순 없으니까요. 그렇다고 아무런 노력도 하지 말라는 것은 아닙니다. 집안 형편이나 외모 등을 탓하지 말고 내가 가진 강점을 충분히 발휘해 보세요. 최선을 다하다 보면 분명 좋은 결과가 있을 거예요.

운명에 관한 속담

사주에 없는 관을 쓰면 이마가 벗어진다
능력이나 분수에 넘치는 일에 욕심을 부리면 도리어 괴롭다는 의미예요.

물 밖에 난 고기
운명이 이미 결정되어서 어떻게 해도 바뀌지 않는 상황을 뜻해요. 또는 능력을 발휘하기 어려운 곤란한 처지에 빠진 사람을 가리켜요.

08 화불가행면 복불가재구 - 《경행록》

화를 요행으로 피하려 하지 말고
복은 지나가면 다시 구하려 하지 말라

원문 따라 쓰기

禍不可倖免이요 福不可再求니라.

함께 생각해요

화(재앙)는 얕은꾀로 대충 피할 수 있는 것이 아니에요. 어쩌다 한 번 요행(뜻밖의 행운)으로 화를 면할 수 있을진 몰라도 매번 통하진 않아요. 예를 들면, 컨닝을 했는데 운 좋게 걸리지 않았다고 해서 다음 시험 때도 컨닝으로 좋은 점수를 받으려는 것은 어리석은 행동이지요. 따라서 요행을 바라기보다는 화를 입지 않도록 평소 준비를 잘해야 한답니다.

마찬가지로 어쩌다 행운을 잡았던 경험에 사로잡혀서 노력은 하지 않고 행운이 또 찾아오기를 기대해서는 안 돼요. 복은 욕심을 낸다고 받을 수 있는 것이 아니랍니다. 또 복인 줄 알았는데, 나중에 좋지 않은 일의 원인이 되기도 하니 조심하도록 해요.

비슷한 속담

설마가 사람 잡는다

나쁜 일이 일어날 리 없다고 마음놓고 있다가 큰 화를 당하는 것을 말해요. 요행을 바라지 말고 내가 할 수 있는 준비를 차근차근 하여 화를 미리 예방하는 것이 좋겠지요.

09 견인지선 이심기지선 견인지악 이심기지악 - 《성리서》

남의 선함을 보면 나의 선함을 찾고
남의 악함을 보면 나의 악함을 찾아라

원문 따라 쓰기

見人之善이거든 而尋己之善하고 見人之惡이거든 而尋己之惡하라.

함께 생각해요

다른 사람이 착한 행동을 하면 나도 그대로 따라 하려고 노력해 보아요. 사소한 것처럼 보이는 선행도 막상 실천하기는 어렵답니다. 그러니 다른 사람의 선행을 보는 즉시 따라 하는 것도 좋은 방법이에요.

반대로 다른 사람의 나쁜 행동을 보면 혹시 나에게도 저런 모습이 있지 않은지 스스로 돌아보세요. 다른 사람은 나를 비춰 주는 거울과 같아요. 내가 미처 깨닫지 못했던 악한 모습이 있다면 바로 고칠 수 있도록 노력하기로 해요. 즉, 상대방의 선한 모습과 악한 모습 모두 배울 점이 있으며 바른 태도를 기르는 데 도움이 된답니다.

비슷한 고사성어

타산지석 (他: 다를 타, 山: 메 산, 之: 어조사 지, 石: 돌 석)

다른 산에 있는 하찮은 돌이라도 자신의 옥을 가는 숫돌로 쓸 수 있다는 뜻이에요. 다른 사람의 나쁜 말이나 행동을 통해서도 교훈을 얻을 수 있고, 나의 인격을 갈고닦는 데 도움이 된다는 의미지요.

명심보감 글쓰기 ①

勿以善小而不爲하고 勿以惡小而爲之하라.
착한 일은 작더라도 꼭 실천하고, 나쁜 일은 작더라도 절대 하지 말라.

오늘 내가 한 착한 행동을 적어 보세요. 아주 사소한 것이라도 좋아요. 이 기록이 하루하루 쌓여서 나만의 소중한 보물 일기가 된답니다.

爲善者는 天報之以福하고 爲不善者는 天報之以禍니라.
착한 일을 하면 하늘이 복으로 갚고, 나쁜 일을 하면 하늘이 재앙으로 갚는다.

양심에 찔리는 말이나 행동을 한 적이 있나요? 그때 기분이 어땠는지, 타임머신을 타고 다시 돌아간다면 어떻게 행동할지 적어 보세요.

> 恩義를 廣施하라. 人生何處不相逢이니.
> 은혜와 의리를 널리 베풀어라. 인생의 어느 곳에서든 만날 것이다.

어려움에 처했을 때 나를 도와준 고마운 사람이 있나요? 그 사람에게 감사의 말을 적어 보세요. 감사의 표현도 연습이 필요하답니다.

> 順天者는 存하고 逆天者는 亡이니라.
> 하늘의 뜻을 따르는 자는 살고, 하늘의 뜻을 거스르는 자는 망한다.

하늘의 뜻을 따른다는 말은 인간의 양심을 지키는 바른 행동을 말해요. 일상생활 속에서 구체적인 예를 찾아 적어 보세요.

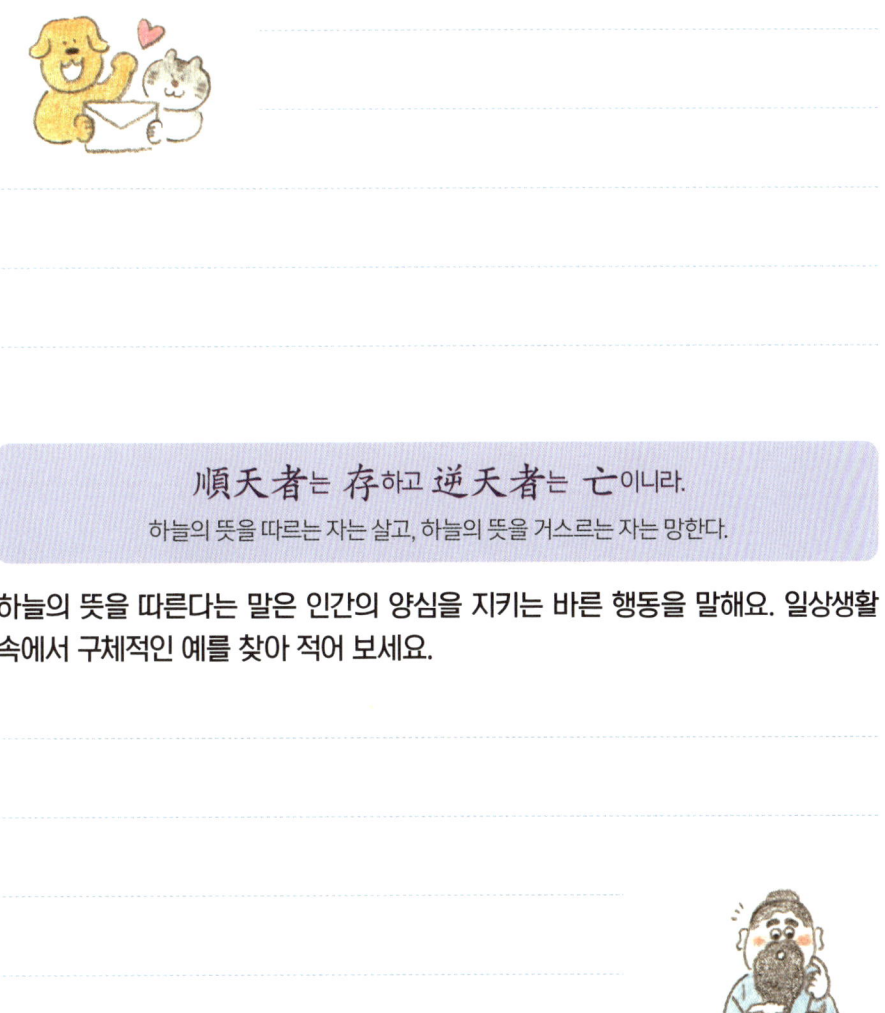

숨은 명심보감 찾기
① 호숫가 공원

아름다운 호숫가 공원에서 사람들이 즐거운 시간을 보내고 있어요. 그림 속에 숨은 명심보감을 찾아보세요!

1. 착한 일을 하면 하늘이 복으로 갚고
   나쁜 일을 하면 하늘이 재앙으로 갚는다
2. 착한 일은 작더라도 꼭 실천하고
   나쁜 일은 작더라도 절대 하지 말라
3. 하루라도 착한 일을 생각하지 않으면
   나쁜 마음이 저절로 일어난다
4. 은혜와 의리를 널리 베풀어라.
   인생의 어느 곳에서든 만날 것이다
5. 하늘의 뜻을 따르는 자는 산다
6. 사사로운 말이라도 하늘에게는 천둥처럼 들린다
7. 죽고 사는 것은 운명에 달려 있다
8. 복은 지나가면 다시 구하려 하지 말라
9. 남의 선함을 보면 나의 선함을 찾고
   남의 악함을 보면 나의 악함을 찾아라

➡ 정답은 154쪽에 있어요.

2장
따뜻한 마음과 겸손한 지혜

만족할 줄 알면 마음이 즐겁고
탐욕이 지나치면 근심이 생긴다

知足可樂이요 務貪則憂라.

知 (알 지) 足 (족할 족) 可 (옳을 가) 樂 (즐거울 락) 務 (힘쓸 무) 貪 (탐낼 탐) 則 (곧 즉) 憂 (근심 우)

우리는 가진 것에 만족하지 않고 다른 것을 더 원하면 욕심이 많다며 비난받기도 해요. 하지만 반드시 그런 건 아니에요. 운동선수가 현재 실력에 만족하고 연습을 게을리한다면 더는 발전할 수 없을 거예요. 또 기차로 땅 위를 달리는 것에 만족했다면, 라이트 형제가 비행기를 발명하지 않았을 테지요. 이처럼 적당하고 건강한 욕심은 우리를 한 단계 성장시켜요.

하지만 욕심이 지나치면 원하는 것을 얻을 때까지 마음이 불편하고, 이루지 못했을 때 불행하다고 느껴요. 사실 대부분의 불행은 지나친 욕심 때문에 생겨요. 내가 가진 것을 감사히 여기고 만족하면 큰 행복이 찾아올 거예요.

<고기를 입에 문 개>

고기를 물고 개울을 건너던 개가 물에 비친 자신의 모습을 보고는 다른 개로 착각해 컹컹 짖었어요. 이미 고기를 물고 있었지만 남의 고기도 마저 뺏으려고 욕심을 낸 거지요. 그 바람에 물고 있던 고기를 물속에 빠뜨리고 말아요. 이처럼 욕심이 과하면 다른 소중한 것까지 잃을 수 있답니다.

넘치는 생각은 정신을 상하게 하고
함부로 하는 행동은 재앙을 부른다

원문 따라 쓰기

濫想은 徒傷神이요 妄動은 反致禍니라.

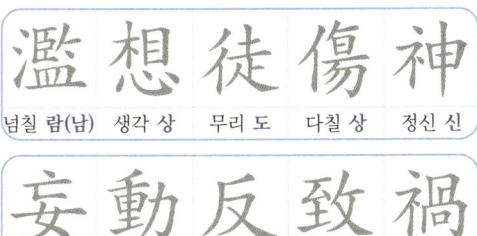

함께 생각해요

이 구절에서 '넘치는 생각'은 무언가를 해내기 위해 골똘히 생각하는 것이 아니에요. 나의 능력을 넘어서는 것을 깊이 생각한다는 의미예요. 그러니까 이 구절은 자신의 분수에 맞지 않는 것을 지나치게 생각하는 것, 바로 '욕심'을 말해요. 물고기가 땅에서 살고 싶다고 물 밖에 나오면 금방 죽고 말듯이, 순리에 어긋나는 과한 욕심은 우리의 몸과 마음을 힘들게 만들어요. 더 높은 자리에 오르고 싶고, 더 많은 돈을 벌고 싶어서 경솔하게 행동하다가 오히려 더 큰 불행을 만날 수 있답니다. 그러니 욕심에 눈이 멀어 함부로 행동하지 않도록 조심해야겠지요?

욕심에 관한 속담

산돼지를 잡으려다가 집돼지까지 잃는다

산돼지를 잡겠다고 욕심을 부리는 바람에 집돼지를 잘못 간수하여 잃어버린다는 뜻이에요. 욕심이 지나치면 이미 가진 것마저 잃게 된다는 경고의 의미가 담겨 있어요.

자만하면 손해를 부르고
겸손하면 이득을 얻는다

원문 따라 쓰기

滿招損이요 謙受益이니라.

함께 생각해요

어떤 일을 잘해서 자신감이 넘치더라도 그 마음을 너무 드러내선 안 돼요. 자만하는 순간 많은 것을 잃을 수 있기 때문이에요. 자만심으로 가득한 사람은 '나는 잘난 사람이고, 저 사람은 나보다 못하다.'라는 생각 때문에 다른 사람을 배려하는 마음이 부족해요. 그리고 이렇게 남을 무시하는 마음은 금세 티가 나기 마련이에요. 이 세상 그 누구도 자신을 깔보는 사람에게 선뜻 베풀지 않아요. 그래서 자만하면 사람들이 점점 떠나면서 자연스레 많은 것을 잃게 되지요. 반대로 겸손한 사람은 주위에 사람들이 모여들고, 그들로부터 많은 것을 얻을 수 있어요. 따라서 스스로를 낮추면서 다른 사람을 존중하는 마음이 정말 중요하답니다.

비슷한 우화

〈갈대와 올리브나무〉

줄기가 굵고 잎이 무성한 올리브나무가 잘난 척을 하며 연약한 갈대를 깔보았어요. 하지만 갈대는 꾹 참았지요. 얼마 뒤 세찬 폭풍이 불자 갈대는 바람에 이리저리 흔들리며 몸을 맡겼지만, 올리브 나무는 바람에 정면으로 맞서다가 그만 우지끈 부러지고 말았답니다.

13 좌밀실 여통구 어촌심 여육마 가면과 - 《경행록》

방 안에 홀로 있어도 큰 거리에 있듯이 하고
말을 부리듯 마음을 쓰면 허물을 피할 수 있다

원문 따라 쓰기

坐密室을 如通衢하고 馭寸心을 如六馬하면 可免過니라.

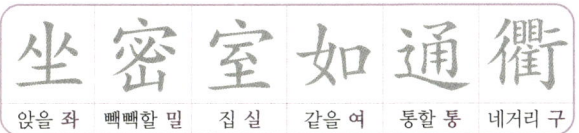

坐	密	室	如	通	衢
앉을 좌	빽빽할 밀	집 실	같을 여	통할 통	네거리 구

馭	寸	心	如	六	馬	可	免	過
말 부릴 어	마디 촌	마음 심	같을 여	여섯 육	말 마	옳을 가	면할 면	허물 과

함께 생각해요

혼자 있을 때도 사람들이 많은 큰 거리에 있다고 상상해 보세요. 그러면 양심에 찔려서 나쁜 마음을 품거나 멋대로 행동하기 어려워요. 또 여섯 마리 말들이 끄는 수레 위에 있다고 생각해 보세요. 이 말들을 제대로 다스리지 못하면 제멋대로 날뛰어서 큰 사고가 날 수 있어요. 우리의 마음도 마찬가지예요. 넓고 큰 길에 서 있는 것처럼, 말들을 섬세하게 토닥이는 것처럼 마음을 갈고닦아서 스스로에게 떳떳한 사람이 되기로 해요.

비슷한 격언

눈에 보이지 않지만 우리의 행동을 아는 자가 둘이 있다. 바로 신과 양심이다. - 영국 격언

비슷한 명언

생각을 조심하세요, 언젠가 말이 되니까. 말을 조심하세요, 언젠가 행동이 되니까. 행동을 조심하세요, 언젠가 습관이 되니까. 습관을 조심하세요, 언젠가 성격이 되니까. 성격을 조심하세요, 언젠가 운명이 되니까.

- 테레사 수녀

14 시은물구보 여인물추회 - 《소서》

은혜를 베풀었으면 보답을 바라지 말고
남에게 주었다면 후회하지 말라

원문 따라 쓰기

施恩이거든 勿求報하고 與人이거든 勿追悔하라.

施	恩	勿	求	報
베풀 시	은혜 은	말 물	구할 구	갚을 보

與	人	勿	追	悔
줄 여	사람 인	말 물	좇을 추	뉘우칠 회

함께 생각해요

다른 사람을 도울 때 내게 돌아올 이득을 바란다면 그건 선행이 아니라 거래예요. 게다가 나는 아주 적게 베풀면서 보답은 크게 바라는 놀부 심보가 생기기도 하지요. 하지만 그건 옳지 않아요. 상대방을 돕겠다는 순수한 마음으로 선행을 베풀어야 나의 마음도 행복하고 도움을 받는 사람도 진심으로 고마워할 거예요.

반대로 상대방이 나의 도움을 받고도 감사한 마음을 표현하지 않았다고 해서 너무 서운해하지 말아요. 다른 사람을 돕는 동안 뿌듯하고 행복한 마음이 들었다면 그걸로 이미 보답을 받은 것이니까요. 남에게 베푼 은혜는 얼른 잊고, 내가 받은 은혜는 오래 기억하는 것이 훌륭한 행동이랍니다.

비슷한 명언

우리는 서로 돕기 위해 태어났다.
– 마르쿠스 아우렐리우스 (고대 로마 제국 16대 황제)

15 심불부인 면무참색 - 주자

마음에서 남을 저버리지 않으면
얼굴에 부끄러운 빛이 없다

원문 따라 쓰기

心不負人이면 面無慙色이니라.

心 不 負 人
마음 심 아닐 불 저버릴 부 사람 인

面 無 慙 色
낯 면 없을 무 부끄러울 참 빛 색

함께 생각해요

'저버린다'라는 말은 나의 이익을 위해 다른 사람을 속이고 이용하는 것을 말해요. 만약 다른 사람을 내 몸처럼 아끼고 사랑한다면 결코 저버릴 일이 없겠지요. 반대로 다른 사람이 손해를 보든 말든 나만 잘되려고 하는 마음이 크다면, 누구든 쉽게 저버릴 거예요. 하지만 그 순간에는 잠깐 이익을 얻을지 몰라도 내 안 깊은 곳에서 부끄러운 마음이 들 거예요. 다른 사람의 마음을 살피면서 함께 기뻐하고 함께 슬퍼할 줄 아는 사람이 되도록 노력해 보아요. 그래야 부끄럽지 않게 당당하게 살아갈 수 있답니다.

비슷한 명언

사랑을 실천하면 자기 자신과 타인 모두 풍요로워집니다.

– 테레사 수녀

16 책인자 부전교 자서자 불개과 - 《경행록》

남을 탓하는 사람은 온전히 사귀지 못하고
스스로 용서하는 사람은 허물을 고치지 못한다

원문 따라 쓰기

責人者는 不全交하고 自恕者는 不改過니라.

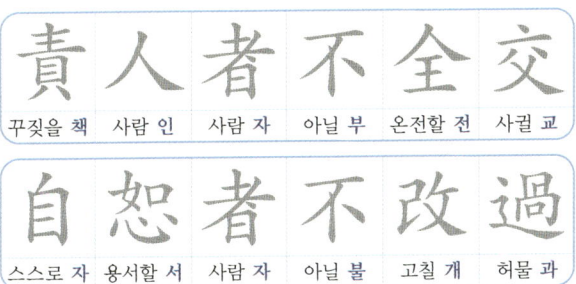

함께 생각해요

혹시 '이게 다 너 때문이야!'라는 말을 입에 달고 사나요? 그렇다면 자신의 부족한 점이 무엇인지 돌아보고 고치려는 마음이 부족한 거예요. 이런 사람은 절대 발전할 수 없답니다. 무엇보다 모든 일에 불평하고, 남을 탓하는 태도는 내 인생을 스스로 책임지는 태도가 아니에요. 원하지 않는 일이 일어났다고 무조건 남을 탓하지 말고 내가 잘못 생각한 것은 없는지 살피도록 해요. 나로 인해 벌어진 일은 내 책임이라는 마음가짐이 중요하답니다.

그리고 자신의 잘못을 너그러이 용서하면 같은 실수를 계속 반복하게 돼요. 결국은 허물을 고치기 힘들지요. 잘못을 저질렀다면 솔직하게 인정하고, 더는 실수하지 않도록 노력하는 사람이 되면 좋겠어요.

비슷한 속담

가랑잎이 솔잎더러 바스락거린다고 한다

자신의 허물이 더 큰 것은 알지 못하고, 남의 허물만 크게 떠벌리며 탓하는 것을 말해요.

17 인일시지분 면백일지우 - 《서경》

한때의 분노를 참으면
백일의 근심을 면할 수 있다

원문 따라 쓰기

忍一時之忿이면 免百日之憂니라.

忍	一	時	之	忿
참을 인	한 일	때 시	어조사 지	성낼 분

免	百	日	之	憂
면할 면	일백 백	날 일	어조사 지	근심 우

함께 생각해요

누군가에게 화를 내고 분풀이를 하고 나면 기분이 어떤가요? 엄청 후련하던가요? 절대 그렇지 않을 거예요. 때로는 화를 참지 못하고 못나게 굴었다는 자책감에 오히려 더 괴로울 때도 있지요. 결국 그 화가 내게 다시 돌아온 셈이에요. 분노는 자신의 마음을 다스리지 못하고, 이기지 못했다는 뜻이기도 해요. 또 나의 날카로운 말들이 누군가의 가슴속에 아프게 박혀서 오랫동안 그 사람을 고통스럽게 만들 수도 있어요. 가만히 생각해 보면 사람들 사이에서 벌어지는 수많은 다툼은 참을성이 부족해서 비롯되는 경우가 많아요. 순간의 화를 참지 못해서 상대방에게 상처를 주고 나도 후회하는 일이 없도록 해 보세요. 모두가 조금씩 노력한다면 세상이 좀 더 아름다워질 거예요.

비슷한 속담

참는 자에게 복이 온다

억울하고 분한 일이 있더라도 참고 견디는 것이 더 낫다는 뜻이에요. 오랫동안 어려움을 견딘 끝에 달콤한 결과를 얻을 때도 이 말을 써요.

18 굴기자 능처중 호승자 필우적 - 《경행록》

자신을 굽히면 중요한 자리에 오를 수 있지만 이기려고만 하면 반드시 적을 만난다

원문 따라 쓰기

屈己者는 能處重하고 好勝者는 必遇敵이니라.

함께 생각해요

자신을 굽히는 것이, 무조건 패배를 의미하는 건 아니에요. 때로는 잘난 척하고 싶은 마음을 버리고 겸손한 태도로 상대방을 배려하는 것이기도 해요. 이렇게 몸을 낮추어 상대방을 존중하면 결코 다투거나 적이 될 일이 없지요. 자연스레 사람들이 나에게 마음을 열면서 좋은 친구가 될 수 있답니다.

반대로 무조건 남을 이기려고 하면 갈등이 생겨요. 때로는 지는 것이 이기는 것일 때도 많고, 작전상 후퇴가 필요할 때도 있지요. 다른 사람을 넓은 마음으로 이해하고 품다 보면 오히려 더 많은 것을 얻게 될 거예요.

겸손에 관한 격언

가장 훌륭한 지혜는 친절함과 겸손함이다. -《탈무드》

부자의 겸손은 가난한 자의 벗이 된다. -《팔만대장경》

명심보감 글쓰기 ②

知足可樂이요 **務貪則憂**라.
만족할 줄 알면 마음이 즐겁고, 탐욕이 지나치면 근심이 생긴다.

욕심을 부리다가 손해를 본 적이 있나요? 그때의 나에게 하고 싶은 충고가 있다면 적어 보세요.

滿招損이요 **謙受益**이니라.
자만하면 손해를 부르고, 겸손하면 이득을 얻는다.

친구들에게 믿음을 주는 사람이 되려면 어떻게 행동해야 할까요?

> 施恩이거든 勿求報하고 與人이거든 勿追悔하라.
> 은혜를 베풀었으면 보답을 바라지 말고, 남에게 주었다면 후회하지 말라.

내가 도와주었던 친구가 나중에 더 크게 보답한 적이 있나요? 그때 기분이 어땠나요?

> 屈己者는 能處重하고 好勝者는 必遇敵이니라.
> 자신을 굽히면 중요한 자리에 오를 수 있지만, 이기려고만 하면 반드시 적을 만난다.

늘 잘난 척하고 이기려고만 하는 친구가 있나요? 어떤 생각이 드나요?

숨은 명심보감 찾기
② 패스트푸드점

친구들과 맛있는 햄버거 냄새가 가득한 패스트푸드점에 왔어요. 이곳에 꼭꼭 숨은 명심보감을 찾아보세요!

1. 만족할 줄 알면 마음이 즐겁고 탐욕이 지나치면 근심이 생긴다
2. 넘치는 생각은 정신을 상하게 한다
3. 자만하면 손해를 부른다
4. 방에 홀로 있어도 큰 거리에 있듯이 하라
5. 남에게 주었다면 후회하지 말라
6. 마음에서 남을 저버리지 않으면 얼굴에 부끄러운 빛이 없다
7. 스스로 용서하는 사람은 허물을 고치지 못한다
8. 한때의 분노를 참으면 백일의 근심을 면할 수 있다
9. 자신을 굽히면 중요한 자리에 오를 수 있다

➡ 정답은 154쪽에 있어요.

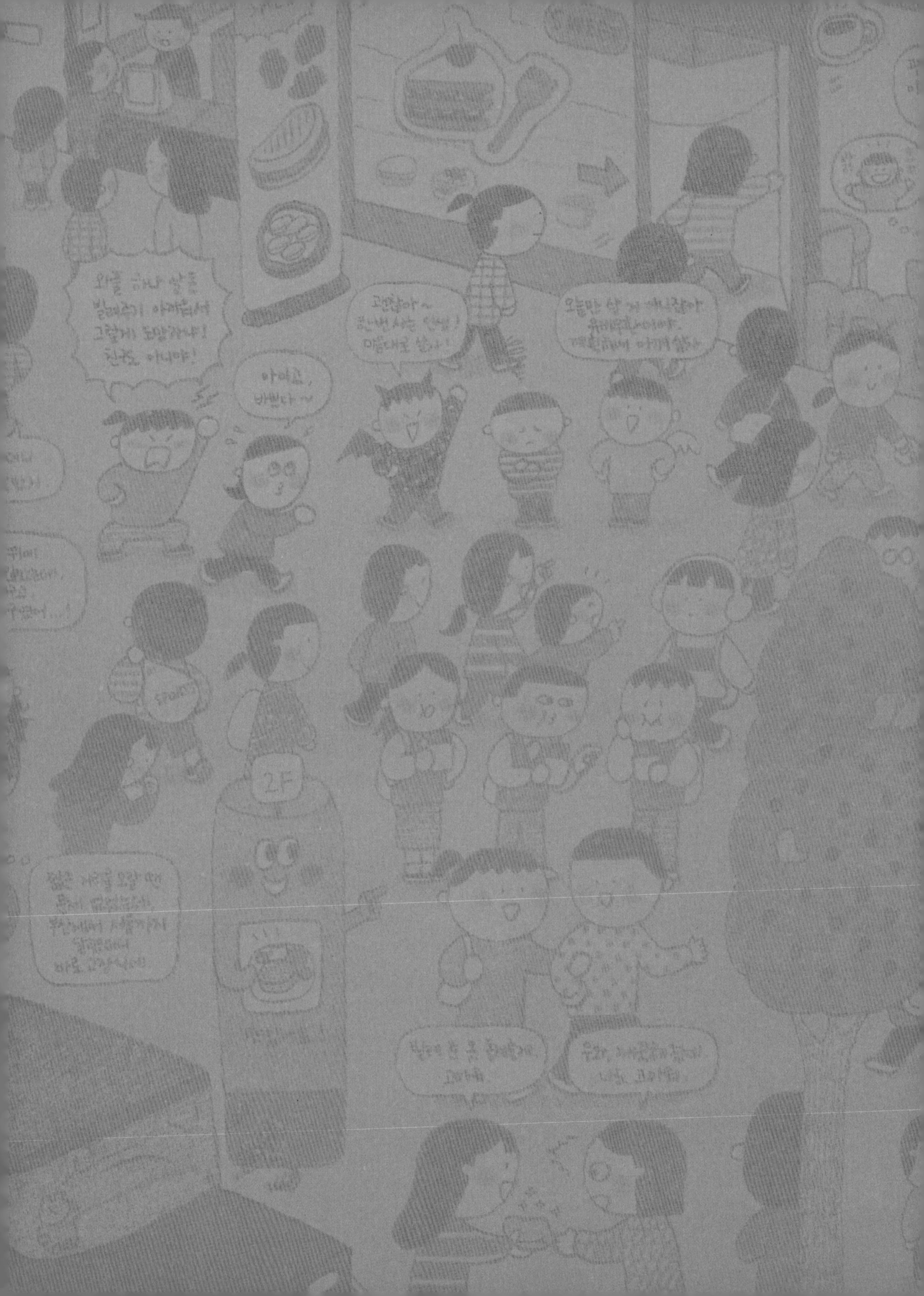
와플 하나 살 돈 빌려주기 아까워서 그렇게 도망가냐! 친구도 아니야!
아이고, 바쁘다~

3장

가족과 친구를 대하는 바른 태도

19 효어친 자역효지 신기불효 자하효언 - 태공

내가 부모에게 효도하면 자식도 따라 할 것이니
내가 효도하지 않고서 어찌 자식이 효도하겠는가

원문 따라 쓰기

孝於親이면 子亦孝之하나니 身旣不孝면 子何孝焉이리오.

함께 생각해요

비가 올 때 처마 끝에서 똑똑 떨어지는 물방울을 떠올려 보세요. 한 방울, 한 방울이 일정한 모양과 크기로 한 곳에 정확히 떨어지지요. 이렇게 똑같은 물방울이 계속 이어지듯이, 자식은 부모의 행동을 보고 그대로 따라 한답니다. 그래서 자신은 부모에게 잘하지 않으면서 자식들이 나에게 효도하기를 바라는 건 앞뒤가 맞지 않아요. 지금부터라도 부모님을 공경하고 효도하는 마음을 가져 보세요. 그리고 직접 실천해 보세요. 효도는 글로만 읽고 깨우치는 것이 아니랍니다.

비슷한 한자어

솔선수범 (率: 거느릴 솔, 先: 먼저 선, 垂: 드리울 수, 範: 법 범)

남보다 앞장서서 행동해 많은 사람들의 본보기가 되는 것을 말해요. 부모님이 모든 일에 솔선수범하는 모습을 보고 자란 아이는 남다르겠지요?

비슷한 속담

효자는 부모가 만든다

부모가 먼저 효도하는 모습을 보여야 자식도 이를 보고 배워서 효도한다는 뜻이에요. 효자와 불효자 모두 부모의 역할이 매우 중요하다는 의미지요.

20 입신유의 이효위본 - 공자

입신하는 데 올바른 길이 있으니
바로 효가 근본이다

원문 따라 쓰기

立身有義하니 而孝爲本이니라.

설 립(입) | 몸 신 | 있을 유 | 의로울 의 | 말 이을 이 | 효도 효 | 할 위 | 근본 본

함께 생각해요

'입신'은 '몸을 세운다'는 뜻으로, 성공해서 세상에 이름을 떨친다는 말이에요. 집에서 부모님을 공경하는 사람은 밖에 나와서도 어른들에게 잘하고 예의가 바르지요. 반면 부모님에게 무례하게 굴고 제멋대로 행동하는 사람은 밖에서도 다른 사람을 함부로 대해요. 하늘 같은 부모님도 막 대하는데, 하물며 다른 사람을 존중할 리 없지요. 이런 무례한 사람은 사람들이 믿지 않고 가까이하지 않아요. 따라서 다른 사람들의 도움을 받기 힘들지요. 다시 말해 사회적으로 성공하려면 재능, 노력, 끈기, 열정 등 많은 것들이 필요하지만, 그 가운데 가장 근본이 되는 것은 효라고 할 수 있어요. 이 근본을 잘 갖추어야 많은 일을 잘해 낼 수 있답니다.

비슷한 옛이야기

《심청전》

효녀였던 심청은 봉사인 아버지의 눈을 뜨게 하려고 쌀 삼백 석에 팔려 가 바다에 빠져요. 그러나 심청의 효성에 감동한 용왕이 심청을 살려 주어 아버지와 다시 만나게 해 주지요. 효심이 깊은 주인공이 복을 받는 내용으로, 착한 일을 권하고 악한 일을 경계하는 '권선징악' 교훈이 담겨 있어요.

아랫사람은 일을 마음대로 결정하지 말고 반드시 집안 어른에게 여쭈어야 한다

원문 따라 쓰기

凡諸卑幼는 事無大小에 毋得專行하고 必咨稟於家長이니라.

凡	諸	卑	幼	事	無	大	小
무릇 범	모두 제	낮을 비	어릴 유	일 사	없을 무	큰 대	작을 소

毋	得	專	行	必	咨	稟	於	家	長
말 무	얻을 득	오로지 전	행할 행	반드시 필	물을 자	여쭐 품	어조사 어	집 가	어른 장

함께 생각해요

이 구절은 어린 사람들의 생각이나 결정을 무시해서 무조건 어른에게 물어보라는 건 아니에요. 어떤 일을 할 때 자신감 있게 행동하는 것은 훌륭한 태도예요. 여기에 여러분보다 경험이 많은 부모님이나 할아버지, 할머니에게 조언을 구한다면 만에 하나 저지를지 모를 실수를 줄일 수 있기 때문이에요. 이러한 경험들이 하나둘 쌓이면 깊고 넓은 눈으로 상황을 판단하게 되고, 보다 현명한 결정을 할 수 있는 밑바탕이 돼요.

그러니 무슨 일이든 혼자 결정하지 말고, 어른의 지혜를 여쭙고 귀를 기울이는 습관을 가지면 좋겠어요.

비슷한 한자어

경로효친 (敬: 공경할 경, 老: 늙을 로, 孝: 효도 효, 親: 친할 친)

'경로'는 노인을 공손히 대하는 것이고, '효친'은 부모님에게 효도하는 것을 말해요. 어버이날, 부모님 생신 같은 특별한 날 말고도 평소 '경로효친'을 실천하는 여러분이 되길 바랄게요.

부유해도 가까이하지 않고 가난해도 멀리하지 않는 사람이 진정한 대장부다

원문 따라 쓰기

富不親兮貧不疎는 此是人間大丈夫니라.

함께 생각해요

주위를 둘러보면 돈이 많거나 유명하거나 힘 있는 사람을 따르는 무리들이 있어요. 이들은 그 사람을 순수하게 좋아해서 가까이 지내는 것이 아니라, 그를 통해 얻을 수 있는 이익을 먼저 생각해요. 의리보다 잇속을 더 중요하게 여기는 거지요.

하지만 인성이 훌륭한 사람은 그 사람이 가진 조건만 보고 판단하지 않아요. 바르고 착한 사람인지, 믿고 마음을 열 수 있는 사람인지 먼저 살피지요. 상대의 상황에 따라 태도가 달라지는 사람은 진짜 친구가 아니랍니다. 나는 어떤 사람과 가깝게 어울리고, 진심으로 마음을 나눌 것인지 곰곰이 생각해 보세요.

반대 속담

간에 붙었다 쓸개에 붙었다 한다

자신에게 조금이라도 이익이 되는 것을 쫓아서 이리저리 옮겨 다니는 행동을 말해요. 이런 사람은 멀리하는 것이 좋겠지요?

얼굴을 아는 사람은 가득하지만 마음을 아는 사람은 몇이나 되겠는가

원문 따라 쓰기

相識이 滿天下하되 知心은 能幾人고.

相	識	滿	天	下
서로 상	알 식	가득할 만	하늘 천	아래 하

知	心	能	幾	人
알 지	마음 심	능할 능	몇 기	사람 인

함께 생각해요

우리는 다양한 사람들과 수많은 관계를 맺으며 살아가요. 그리고 그 관계 속에서 내게 주어진 역할에 맞는 가면을 쓰지요. 진짜로 가면을 쓴다는 말이 아니라, 자신의 책임을 다하기 위해 진짜 모습을 드러내지 않고 그 역할에 맞게 행동한다는 뜻이에요. 하지만 친구 앞에서는 가면을 쓸 필요가 없어요. 친구는 가면 뒤에 있는 진짜 얼굴을 편하게 보여 줄 수 있는 사람, 마음을 터놓을 수 있는 사람이니까요. 혹시 내가 어떤 말을 하든 오해하지 않으며, 고민을 들어 주고 걱정해 주는 친구가 있나요? 그럼 여러분은 정말 행복한 사람이에요. 진정한 행복은 단 한 명일지라도 내 마음을 알아주는 진짜 친구를 사귀는 것이랍니다.

비슷한 명언

친구와 함께 어둠 속을 걷는 것이 홀로 빛 속을 걷는 것보다 낫다.

- 헬렌 켈러 (미국의 사회운동가)

24 불결자화 휴요종 무의지붕 불가교

열매를 맺지 않는 꽃은 심지 말고
의리 없는 친구는 사귀지 말라

不結子花는 休要種이요 無義之朋은 不可交니라.

不	結	子	花	休	要	種
아닐 불	맺을 결	아들 자	꽃 화	쉴 휴	필요할 요	씨 종

無	義	之	朋	不	可	交
없을 무	옳을 의	어조사 지	벗 붕	아닐 불	옳을 가	사귈 교

우리는 보통 두 가지를 고려해서 행동해요. 바로 '의(義)'와 '이(利)'랍니다. 동양 사상에서는 '의(義)'를 따라 행동하는 사람을 '군자'라고 칭송하고, '이(利)'를 쫓아 행동하는 사람을 '소인'이라고 불러요. 틀린 말은 아니에요. 하지만 살아가는 데 돈도 중요하기 때문에, 이익을 추구하는 것도 꼭 필요해요. 그러나 친구 관계는 이익보다 의리가 우선이지요. 상황이 좋을 때는 같이 어울리다가 막상 힘든 일이 생기면 사라지는 친구, 손해를 보기 싫어서 태도를 바꾸는 친구는 가까이하지 않는 것이 좋아요. 진정한 친구는 내가 어떤 상황이든 곁에 있어 주는 사람, 나의 불행을 외면하지 않고 위로해 주는 사람이에요.

불행은 누가 진정한 친구인지 보여 준다.
- 아리스토텔레스 (고대 그리스의 철학자)

정직한 사람, 진실한 사람, 박학다식한 사람을 친구로 삼으면 유익하다.
- 공자 (고대 중국의 사상가)

군자의 사귐은 물과 같이 맑고
소인의 사귐은 단술과 같이 달다

원문 따라 쓰기

君子之交는 淡如水하고 小人之交는 甘若醴니라.

君	子	之	交	淡	如	水
임금 군	아들 자	어조사 지	사귈 교	맑을 담	같은 여	물 수

小	人	之	交	甘	若	醴
작은 소	사람 인	어조사 지	사귈 교	달 감	같은 약	단술 례

함께 생각해요

군자는 친구를 사귈 때 이익을 따지거나 아첨하는 말을 하지 않아요. 그래서 물처럼 맑고 담백해요. 반대로 소인은 친구를 사귈 때 눈에 보이는 이익만 중요하게 생각하고, 함께 몰려다니며 듣기 좋은 말만 하지요. 그래서 단술(식혜)처럼 달콤해요. 이처럼 군자의 사귐은 거짓이 없고 서로가 발전하는 데 도움이 된답니다. 하지만 소인의 사귐은 겉으로는 즐거워 보이지만, 이익이 생기지 않으면 언제라도 끝날 수 있어요. 내가 배울 점이 많고 인격적으로 성장시켜 주는 친구가 누구인지, 나는 친구들에게 어떤 영향을 주는 사람인지 잘 생각해 보세요.

비슷한 시조

까마귀 싸우는 골짜기에 백로야 가지 마라 - 〈백로가〉

〈백로가〉는 고려 말기 문신 정몽주의 어머니가 지은 시조예요. 백로는 고려에 충성하려 했던 자신의 아들 정몽주를, 까마귀는 조선을 세우려는 이성계 일파를 가르키지요. 나쁜 사람과 가까이 지내다 보면 나쁜 행동에 물들기 쉽다는 뜻을 담고 있어요.

26 노요지마력 일구견인심

먼 길을 가 보아야 말의 힘을 알 수 있고
오래 사귀어 보아야 사람의 마음을 알 수 있다

원문 따라 쓰기

路遙에 知馬力하고 日久에 見人心이니라.

路	遙	知	馬	力
길 로(노)	멀 요	알 지	말 마	힘 력

日	久	見	人	心
날 일	오랠 구	볼 견	사람 인	마음 심

함께 생각해요

자동차가 없던 먼 옛날에는 사람들이 말을 타고 다녔어요. 그리고 먼 길을 달려 보면, 짧은 거리를 다닐 때는 몰랐던 말의 힘을 대번에 알 수 있었지요. 사람도 마찬가지예요. 잠깐 만나서 이야기할 때는 성품이나 속마음을 온전히 알기 어려워요. 짧은 시간 동안에는 얼마든지 자신의 본모습을 숨기고 연기할 수 있으니까요. 하지만 오랫동안 다양한 상황에서 하는 말과 행동을 보면 상대방의 교양, 마음가짐, 태도 등을 알 수 있어요. 싱그러운 꽃향기는 결코 숨겨지지 않는 것처럼 믿을 만한 사람은 반드시 겉으로 드러난답니다.

비슷한 우화

<곰과 나그네>

두 남자가 숲에서 곰을 만났어요. 한 남자는 친구를 버리고 재빨리 나무 위로 도망쳤고, 다른 남자는 땅에 누워 죽은 척을 했어요. 다행히 곰은 남자의 귀에 입을 댔다가 숲 속으로 사라졌지요. 이윽고 나무 위 남자가 내려와 친구에게 곰이 뭐라고 했냐고 물었어요. 그러자 남자는 이렇게 말했지요.

"친구를 버리고 내빼는 사람과 빨리 헤어지라고 충고하더군."

27 범차인물 불가손괴불환 - 범익겸

남에게 빌린 물건은 상하게 하거나
돌려주지 않으면 안 된다

원문 따라 쓰기

凡借人物에 不可損壞不還이니라.

함께 생각해요

훌륭한 사람이 되기 위해선 '효(孝)'와 함께 꼭 새겨야 할 덕목이 있어요. 바로 '신뢰'예요. 우리는 언제나 다른 사람에게 믿음을 줄 수 있어야 해요. 만약 다른 사람이 전해 달라고 부탁한 편지를 중간에 열어 본다면 어떨까요? 친구가 우리 집에 놀러 와서 내 책상 위에 있던 일기를 엿본다면요? 이는 상대방의 믿음을 저버리는 무례한 행동이에요. 다른 사람의 물건을 빌렸다면 조심히 잘 쓰고 제때 돌려주어야 해요. 사람과 사람 사이에 지켜야 할 당연한 약속이자 매너랍니다. 상대방의 입장이 되어 생각해 보고 기분이 상할 수 있는 일이라면 하지 않도록 해요.

비슷한 외국 속담

짧은 계산은 긴 친구를 만든다.
Short reckonings make long friends.

친구에게 돈이나 물건을 빌렸다면 최대한 빨리 돌려주어야 우정을 오래 유지할 수 있다는 뜻이에요.

명심보감 글쓰기 ③

> 孝於親이면 子亦孝之하나니 身旣不孝면 子何孝焉이리오.
> 내가 부모에게 효도하면 자식도 따라 할 것이니, 내가 효도하지 않고서 어찌 자식이 효도하겠는가.

부모님에게 가장 감사했던 적은 언제인가요? 그 이유도 함께 적어 보세요.

> 凡諸卑幼는 事無大小에 毋得專行하고 必咨稟於家長이니라.
> 아랫사람은 일을 마음대로 결정하지 말고, 반드시 집안 어른에게 여쭈어야 한다.

부모님을 크게 걱정시킨 적이 있나요? 그때 부모님의 마음도 함께 짐작해 보아요.

> 君子之交는 淡如水하고 小人之交는 甘若醴니라.
> 군자의 사귐은 물과 같이 맑고, 소인의 사귐은 단술과 같이 달다.

같은 반 친구 중에 가장 칭찬하고 싶은 사람과 그 이유를 적어 보세요.

> 不結子花는 休要種이요 無義之朋은 不可交니라.
> 열매를 맺지 않는 꽃은 심지 말고, 의리 없는 친구는 사귀지 말라.

다른 사람을 험담하는 친구를 본다면 어떤 말을 해 주고 싶은지 적어 보세요.

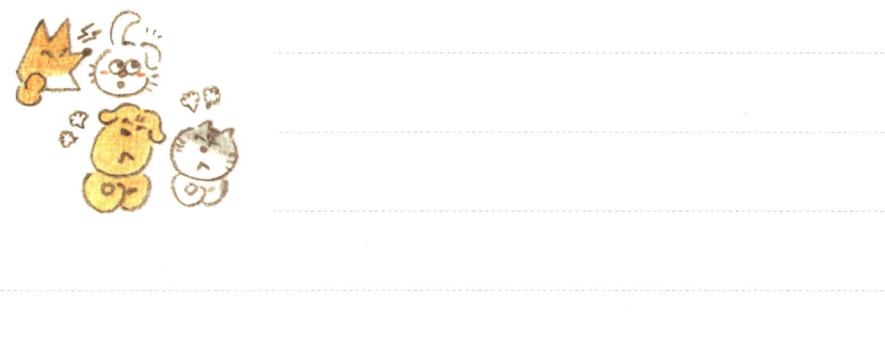

숨은 명심보감 찾기
③ 번화가

번화가에 수많은 사람들이 모여들어 활기가 넘치네요. 그림 속에 숨은 명심보감을 찾아보세요!

1. 내가 효도하지 않고서 어찌 자식이 효도하겠는가
2. 입신하는 데 올바른 길이 있으니 바로 효가 근본이다
3. 아랫사람은 일을 마음대로 결정하지 말고 반드시 집안 어른에게 여쭈어야 한다
4. 부유해도 가까이하지 않고 가난해도 멀리하지 않는 사람이 진정한 대장부다
5. 얼굴을 아는 사람은 가득하지만 마음을 아는 사람은 몇이나 되겠는가
6. 의리 없는 친구는 사귀지 말라
7. 군자의 사귐은 물과 같이 맑고 소인의 사귐은 단술과 같이 달다
8. 먼 길을 가 보아야 말의 힘을 알 수 있다
9. 남에게 빌린 물건은 상하게 하거나 돌려주지 않으면 안 된다

➡ 정답은 154쪽에 있어요.

4장

바른길로 이끄는 행실과 예절

28 대장부당용인 무위인소용 - 《경행록》

대장부는 마땅히 남을 품을지언정
남에게 용서받는 사람은 되지 말라

大丈夫當容人이언정 無爲人所容이니라.

이 구절에서 '대장부'는 '리더', '지도자'를 뜻해요. 리더는 능력이 뛰어난 사람이라기보다 재주 있는 사람들을 알아보고 이들이 마음껏 재능을 펼칠 수 있게 해 주는, 큰 그릇 같은 사람이지요. 커다란 그릇에는 많은 음식을 담을 수 있지만, 작은 그릇에는 한두 가지 음식만 담아도 꽉 차 버려요. 즉, 리더의 그릇이 크면 클수록 다양한 사람을 품을 수 있지요. 여러분은 앞으로 크고 작은 모임에서 사람들을 이끄는 경험을 하게 될 거예요. 그럴 때 남을 너그러이 품어 주고 용서할 줄 아는 큰 그릇이 되도록 노력해 보아요.

조선의 제22대 임금 정조는 젊은 관료들에게 다음과 같이 말했어요.
"산보다 더 높은 것이 없고 바다보다 더 넓은 것은 없다. 그런데 바다는 산을 품어도 산은 바다를 품을 수 없으니, 사람도 바다와 같이 드넓어야지 높은 것만 추구해서는 안 될 것이다."
즉, 성공과 출세만 쫓지 말고 남을 품고 배려할 줄 아는 진정한 관료가 되어 달라는 당부였지요.

자신이 귀하다고 남을 천대하지 말고
자신이 크다고 남을 업신여기지 말고
자신이 용맹하다고 적을 가볍게 여기지 말라

원문 따라 쓰기

勿以貴己而賤人하고 勿以自大而蔑小하고 勿以恃勇而輕敵하라.

함께 생각해요

중국 주나라의 관료 태공은 높은 덕과 재주를 가졌지만, 알아주는 사람을 만나지 못해 평생 가난하게 살았어요. 늙은 노인이 다 되어서야 주문왕과 그의 아들 주무왕을 도와 주나라를 세웠답니다. 태공이 평생 기다리면서 배운 삶의 가장 중요한 자세가 바로 '교만하지 말아야 한다.'였어요. 우리는 때로 자신이 우월한 사람이라고 착각하는 경우가 있어요. 이러한 마음이 커지면 교만이 되지요. 누구도 교만한 사람을 좋아하지 않아요. 대개는 겸손하게 자신을 낮추는 사람에게 마음을 열고 어떻게든 도와주려고 하지요. 내가 남을 귀히 여겨야 상대방도 나를 귀히 여겨요. 무엇보다 자신의 힘만 믿고 상대를 깔보면 결코 이길 수 없답니다. 어떤 상황에서든 겸손한 사람이 위기를 잘 헤쳐나갈 수 있어요.

비슷한 명언

허영, 자만, 교만은 무지한 사람들의 특징이다.

– 새뮤얼 버틀러 (영국의 작가)

남의 허물을 들으면 부모의 이름을 들은 것처럼
귀로 듣더라도 입 밖에 내지 말라

원문 따라 쓰기

聞人之過失이거든 如聞父母之名하여 耳可得聞이언정 口不可言也니라.

聞	人	之	過	失
들을 문	사람 인	어조사 지	허물 과	과실 실

如	聞	父	母	之	名
같을 여	들을 문	아버지 부	어머니 모	어조사 지	이름 명

耳	可	得	聞	口	不	可	言	也
귀 이	옳을 가	얻을 득	들을 문	입 구	아닐 불	옳을 가	말씀 언	어조사 야

함께 생각해요

다른 사람의 약점이나 외모를 흉보는 것은 결코 좋은 태도가 아니에요. 상대를 깎아내리면서 우월감을 느끼려는 아주 유치한 행동이거든요. 어떤 사람은 남의 단점만 지적하면서 자신이 그 사람보다 낫다고 착각하기도 해요. 하지만 이러한 행동은 자기 발전에 전혀 도움이 되지 않아요. 설사 그 사람이 정말 큰 잘못을 저질렀다 해도 흉을 볼 게 아니라, 나도 그 사람과 똑같은 잘못을 한 적은 없는지 살피는 게 더 중요해요. 즉, 다른 사람의 단점을 보며 자신을 성장시키는 계기로 삼는 것이 현명하답니다.

비슷한 격언

험담은 세 사람을 죽인다. 험담하는 자, 험담을 듣는 자, 험담의 대상자.

- 유대교 경전

부지런함은 값을 매길 수 없는 보배요
신중함은 몸을 보호하는 부적이다

원문 따라 쓰기

勤爲無價之寶요 愼是護身之符니라.

부지런할 근 / 할 위 / 없을 무 / 값 가 / 어조사 지 / 보배 보

삼갈 신 / 이 시 / 보호할 호 / 몸 신 / 어조사 지 / 부호 부

함께 생각해요

부지런하다고 해서 무조건 성공하는 것은 아니에요. 하지만 성공한 사람들은 하나같이 부지런해요. 게다가 긍정적인 마음, 뚜렷한 목표, 노력과 행운 등 모든 것이 함께 힘을 발휘해서 성공할 수 있었던 거지요.

하지만 이렇게 성공한 사람들도 한순간에 모든 것을 잃을 수 있어요. 이유가 뭘까요? 바로 신중하게 행동하지 않아서예요. 성공에 취해 뽐내는 마음을 품었거나 다른 사람을 눈 아래로 보며 함부로 대해서 원한을 샀을 가능성이 커요. 이렇게 행동이 신중하지 않으면 큰 위기에 빠질 수 있답니다. 그러니 어떤 상황에서든 몸과 마음을 잘 다스리고 행동을 조심하세요. 그러면 내가 나쁜 길로 빠지지 않도록 보호해 주는 부적이 되어 줄 테니까요.

비슷한 속담

알고 있는 일일수록 더욱 명치에 가둬야 한다

명치는 가슴 한가운데에 오목하게 들어간 급소를 말해요. 어떤 일에 대해 조금 안다고 함부로 행동하지 말고, 오히려 가슴에 품고 몸가짐을 신중하게 해야 한다는 말이에요.

나의 장점을 말하는 사람은 적이고
나의 단점을 말하는 사람은 스승이다

원문 따라 쓰기

道吾善者는 是吾賊이요 道吾惡者는 是吾師니라.

道	吾	善	者	是	吾	賊
말할 도	나 오	착할 선	사람 자	이 시	나 오	도적 적

道	吾	惡	者	是	吾	師
말할 도	나 오	악할 악	사람 자	이 시	나 오	스승 사

함께 생각해요

친구가 나의 좋은 점을 말해 준다면 마냥 좋아하지 말고 객관적으로 생각해 보세요. 만약 친구의 말이 옳다면, 기분이 으쓱해지겠지만 자만심이 생기지 않도록 주의해야 해요. 더불어 나의 장점을 더 키우기 위해 노력하면 좋겠어요. 반대로 나에 대한 칭찬이 과하다면, 친구는 그저 나에게 잘 보이려고 아첨했을 가능성이 커요. 이런 일이 계속 쌓이면 교만해지기 쉽지요. 즉, 칭찬이 오히려 독이 되는 거예요.

한편 나에게 단점을 정확하게 알려 주는 사람은 나와 사이가 어색해지더라도 진정 위하는 마음으로 용기를 낸 거예요. 그러니 친구의 말을 기분 나쁘게만 듣지 말고, 그 마음을 고맙게 여기세요. 그리고 미처 알지 못했던 나의 단점을 돌아보는 기회로 삼으면 좋겠어요.

비슷한 고사성어

교언영색 (巧: 교묘할 교, 言: 말씀 언, 令: 좋을 영, 色: 빛 색)

말을 교묘하게 하고 얼굴 빛을 꾸민다는 뜻이에요. 공자가 "교묘한 말과 아첨하는 사람 중에는 어진 사람이 적다."라고 말한 데서 유래했어요.

33 만사종관 기복자후

모든 일을 너그럽게 처리하면
복이 저절로 두터워진다

萬事從寬이면 其福自厚니라.

사람들은 보통 자신의 실수에는 너그럽고 남의 잘못은 엄격하게 잣대를 들이대요. '이 정도는 눈 감고 넘어가도 되겠지?' 하면서 작은 잘못을 슬쩍 저지르고, 일찍 일어나기로 마음먹고도 '조금만 더 자야지.' 하면서 흐지부지 넘겨 버리기도 해요.

하지만 덕이 있는 사람은 그와 반대로 행동하지요. 다른 사람한테는 한없이 너그러우면서 자신의 생활은 엄격하게 관리해요. 나의 잘못을 충분히 반성한 뒤 다시는 같은 실수를 하지 않게 노력하고요. 이처럼 자신을 엄격하게 다스리면 나날이 성장할 수밖에 없어요. 그리고 다른 사람을 너그럽게 대하면 사람들의 믿음이 쌓이면서 복이 두터워진답니다.

춘풍으로 남을 대하고 추풍으로 나를 대하라

다른 사람에게는 따뜻한 봄바람처럼 부드럽고, 자신에게는 싸늘한 가을바람처럼 엄격해야 한다는 뜻이에요.

34 과전불납리 이하부정관 - 태공

오이 밭에서는 신을 고쳐 신지 말고
오얏나무 밑에서는 갓을 고쳐 쓰지 말라

瓜田에 不納履하고 李下에 不整冠이니라.

오이 밭에서 오이를 따려면 허리를 숙여야 하지요. 그런데 만약 남의 오이 밭에서 허리를 숙여 신을 고쳐 신는다면 밭 주인이 오이를 훔쳐 가는 것으로 오해할 수 있어요. 그리고 오얏나무의 열매는 손을 위로 올려서 따야 해요. 남의 오얏나무 밑에서 갓을 고쳐 쓰려고 손을 올리면 열매를 훔치려는 것으로 보일 수 있지요. 이렇게 도둑으로 몰리면 설사 잘 해명하여 오해를 풀었다 해도, 두고두고 마음에 남아 기분이 좋지 않을 거예요. 따라서 오해를 살 만한 행동은 처음부터 피하고, 몸가짐을 단정하게 하는 것이 현명하답니다.

까마귀 날자 배 떨어진다

아무 관계가 없는 일이 우연히 동시에 일어나 억울한 오해를 받는 경우를 말해요.

35 옥불탁 불성기 인불학 부지도 - 《예기》

옥을 다듬지 않으면 그릇이 될 수 없고
배우지 않으면 사람의 도리를 알지 못한다

원문 따라 쓰기

玉不琢이면 不成器요 人不學이면 不知道니라.

함께 생각해요

옥을 쪼고 다듬어야 그릇이 될 수 있고, 좋은 재료도 훌륭한 요리사를 만나야 맛있는 요리가 될 수 있지요. 마찬가지로 아무리 소질이 뛰어나도 배우지 않으면 자신의 재능을 모두 발휘하기 어렵답니다. 그래서 타고난 재능이 조금 부족하더라도 열심히 배우고 노력하는 사람이 훨씬 잘되는 경우가 많지요. 부지런히 배워서 내게 주어진 삶을 훌륭하게 만들어 보세요. 그러다 보면 사람의 도리와 지혜도 자연스레 깨닫게 될 거예요.

비슷한 속담

구슬이 서 말이라도 꿰어야 보배

구슬이 서 말이나 되어도 하나로 꿰어서 값진 보석으로 만들지 않으면 아무 소용이 없지요. 이처럼 아무리 훌륭한 것이라도 쓸모 있게 다듬고 만들어야 가치가 생긴다는 말이에요.

36 구설자 화환지문 멸신지부야 - 군평

입과 혀는 재앙과 근심의 문이며
몸을 망치는 도끼다

원문 따라 쓰기

口舌者는 禍患之門이요 滅身之斧也니라.

口(입 구) 舌(혀 설) 者(사람 자) 禍(재앙 화) 患(근심 환) 之(어조사 지) 門(문 문)

滅(꺼질 멸) 身(몸 신) 之(어조사 지) 斧(도끼 부) 也(어조사 야)

함께 생각해요

어른들도 다스리기 어려운 것이 바로 '말'이에요. 남들보다 많이 아는 척하고 싶고, 내 생각이 옳다고 주장하고 싶고, 나만 아는 남의 비밀을 말하고 싶어 입이 근질근질하기도 해요. 하지만 말은 내뱉으면 되돌릴 수 없어요. 실수로 흘린 말 한마디 때문에 다른 사람의 오해를 사거나 자신의 발등을 찍어 곤란한 상황에 빠지는 경우가 아주 많지요. 그래서 말을 함부로 하는 친구가 있다면 멀리하는 것이 좋아요. 동시에 말은 천 냥 빚을 갚을 수도 있고 누군가를 살릴 수도 있을 만큼 큰 힘을 가졌다는 것도 꼭 기억하세요. 따라서 말을 할 때 가려서 하고, 신중하게 생각한 뒤 말하는 습관을 가지도록 노력해 보아요.

비슷한 격언

말이 입 안에 있을 때는 내가 말을 통제하지만, 말이 입 밖에 나왔을 때는 말이 나를 통제한다. - 유대인 격언

명심보감 글쓰기 ④

> 瓜田에 不納履하고 李下에 不整冠이니라.
> 오이 밭에서는 신을 고쳐 신지 말고, 오얏나무 밑에서는 갓을 고쳐 쓰지 말라.

까마귀 날자 배 떨어지는 것처럼 나와 아무 관련 없는 일인데 오해를 받은 적이 있나요? 그럴 때는 어떻게 행동하면 좋을까요?

> 大丈夫當容人이언정 無爲人所容이니라.
> 대장부는 마땅히 남을 품을지언정 남에게 용서받는 사람은 되지 말라.

친구의 잘못이나 실수를 너그러이 이해해 준 적이 있나요? 그렇게 한 까닭을 적어 보아요.

道吾善者는 是吾賊이요 道吾惡者는 是吾師니라.
나의 장점을 말하는 사람은 적이고, 나의 단점을 말하는 사람은 스승이다.

나의 단점을 조심스레 알려 주는 친구와 무조건 내 칭찬만 하는 친구가 있어요. 더 좋은 친구는 누구일까요? 그 이유도 함께 적어 보세요.

口舌者는 禍患之門이요 滅身之斧也니라.
입과 혀는 재앙과 근심의 문이며, 몸을 망치는 도끼다.

우리는 왜 말조심을 해야 할까요? 여러분이 생각하는 이유를 모두 적어 보세요.

숨은 명심보감 찾기
④ 사무실

회사에서 열심히 일하는 사람들 속에 명심보감이 꼭꼭 숨어 있네요.
함께 찾아보아요!

1. 대장부는 마땅히 남을 품을지언정 남에게 용서받는 사람은 되지 말라
2. 자신이 크다고 남을 업신여기지 말라
3. 남의 허물을 귀로 듣더라도 입 밖에 내지 말라
4. 신중함은 몸을 보호하는 부적이다
5. 나의 장점을 말하는 사람은 적이고 나의 단점을 말하는 사람은 스승이다
6. 모든 일을 너그럽게 처리하면 복이 저절로 두터워진다
7. 오이 밭에서는 신을 고쳐 신지 말라
8. 옥을 다듬지 않으면 그릇이 될 수 없고 배우지 않으면 사람의 도리를 알지 못한다
9. 입과 혀는 재앙과 근심의 문이며 몸을 망치는 도끼다

➡ 정답은 155쪽에 있어요.

5장
세상을 살아가는 참된 태도 ❶

37 가화빈야호 불의부여하

집안이 화목하면 가난해도 좋지만
의롭지 않으면 부자인들 무엇하랴

家和貧也好어니와 不義富如何리오.

집 가 / 화할 화 / 가난할 빈 / 어조사 야 / 좋을 호
아닐 불 / 의로울 의 / 부유할 부 / 같을 여 / 어찌 하

가정은 우리 마음의 뿌리와 같아요. 뿌리가 튼튼한 나무는 세찬 바람을 맞아도 꿋꿋하게 이겨 내듯이, 마음의 뿌리가 단단한 사람은 어려운 일이 닥쳐도 언제나 당당할 수 있어요. 그래서 집안이 화목하면 어떤 일에든 자신감이 넘쳐요. 밖에서 어려움을 겪어도 사랑하는 가족들에게 위로를 받으면 금방 다시 제자리를 찾을 수 있거든요. 하지만 가족끼리 툭하면 다투고 사이가 안 좋다면 마음이 불안하고 위태위태해요. 좀처럼 안정을 찾지 못하지요. 그러면 하려는 일도 잘 안 되는 법이랍니다. 행복은 돈이 많고 명예가 높다고 얻을 수 있는 것이 아니에요. 웃음이 넘치는 화목한 집이 바로 행복의 출발점이랍니다.

가화만사성 (家: 집 가, 和: 화할 화, 萬: 일만 만, 事: 일 사, 成: 이룰 성)
집안이 화목하면 모든 일이 잘된다는 말이에요. 《명심보감》의 〈치가〉 편에 실려 있는 구절이지요. 예로부터 공동체 사회의 뿌리인 가정을 화목하게 만드는 것을 매우 중요하게 여겼어요.

38 기취비상락 수방불측우

뜻밖의 큰 즐거움을 얻었다면
앞으로 닥칠 근심을 대비해야 한다

원문 따라 쓰기

旣取非常樂이어든 須防不測憂니라.

旣 이미 기　取 가질 취　非 아닐 비　常 떳떳할 상　樂 즐거울 락
須 모름지기 수　防 막을 방　不 아닐 불　測 헤아릴 측　憂 근심 우

함께 생각해요

복권에 당첨된다면 정말 행복할 거예요. 하지만 마냥 좋아할 일은 아니랍니다. 모든 일에는 긍정적인 면과 부정적인 면이 있어요. 좋은 일인 줄 알았는데 나쁜 결과를 가져올 수 있고, 큰 시련처럼 느껴졌는데 알고 보니 다시 일어설 수 있는 발판이었음을 나중에 알게 되기도 하지요. 즉, 어려움이 닥치더라도 잘 견뎌 내면 행운이 되고, 행운이 찾아와도 자만하면 근심이 생길 수 있어요. 그러니 큰 즐거움 뒤에 있을지 모를 근심에 대비하는 것이 현명하겠지요?

비슷한 고사성어

새옹지마 (塞: 변방 새, 翁: 늙은이 옹, 之: 어조사 지, 馬: 말 마)

행운이 불행이 되기도 하고, 불행이 행운이 될 수 있다는 말이에요. 옛날 중국 변방에 새옹이라는 노인이 살았는데 기르던 말이 오랑캐 땅으로 달아나 크게 속상해했어요. 그런데 달아난 말이 다른 말을 끌고 와 말이 두 마리로 늘었지요. 하지만 아들이 말을 타다가 다리를 다치고 말았어요. 그런데 그 덕에 아들은 전쟁터에 나가지 않아 목숨을 건졌다는 이야기에서 유래했어요.

39 득총사욕 거안려위

사랑을 받으면 욕이 올까 생각하고
편안하게 살면 위험이 올까 염려하라

得寵思辱하고 居安慮危니라.

得寵思辱 — 얻을 득, 사랑할 총, 생각 사, 욕될 욕
居安慮危 — 살 거, 편안할 안, 근심할 려, 두려울 위

지위가 높은 사람, 권력이 있는 사람이 나를 예뻐한다고 마냥 좋아해서는 안 돼요. 사람의 마음은 아주 작은 일에도 쉽게 바뀔 수 있기 때문이에요. 임금의 총애를 받던 신하가 하루아침에 역적으로 몰려 귀양을 간 역사가 많았던 것만 봐도 알 수 있지요. 그러니 상대방의 사랑과 믿음이 영원할 거라고 생각하지 말고, 반대의 상황을 미리 대비하는 자세가 필요하답니다.

마찬가지로 큰 걱정 없이 편안하게 지낼 때도 어려운 상황이 언제든 찾아올 수 있다는 걸 마음에 새기세요. 그러지 않으면 예상치 못한 상황에 맞닥뜨렸을 때 허둥지둥할 수 있으니까요.

김만중 어머니 일화

《구운몽》을 지은 조선 후기의 문신 김만중의 어머니는 아들이 대제학의 자리에 올라 정경부인이 되었지만, 손수 길쌈(실을 내어 옷감을 짜는 일)을 하며 검소한 생활을 이어 갔어요. 과거에 남편이 병자호란 때 목숨을 잃어 홀로 어렵게 김만중을 키웠던 시절을 잊지 않고 늘 가슴에 새겼던 거예요.

40 과거사여경조 미래사암사칠

지나간 과거는 밝은 거울과 같고
다가올 미래는 칠흑처럼 어둡다

원문 따라 쓰기

過去事如鏡朝하고 未來事暗似漆이니라.

過 지날 과 　去 갈 거 　事 일 사 　如 같을 여 　鏡 거울 경 　朝 아침 조

未 아직 미 　來 올 래 　事 일 사 　暗 어두울 암 　似 닮을 사 　漆 옻 칠

함께 생각해요

거울을 보면 자신의 모습을 또렷하게 볼 수 있어요. 어제 있었던 일도 거울을 들여다보듯이 환하게 떠올릴 수 있지요. 이처럼 꿰뚫어 볼 수 있는 과거는 내 몸의 일부와 같이 익숙하지만, 미래의 일은 잘 보이지 않아요. 지나간 일을 거울 삼아 짐작해 볼 뿐이에요. 하지만 과거를 잘 살피면 잘못된 행동을 반성할 수 있고, 똑같은 실수를 저지르는 일이 적겠지요. 또한 어두운 미래도 시간이 흐르면 현재를 지나 과거가 됩니다. 미래를 알 수 없어 불안하겠지만 너무 두려워할 필요는 없어요. 모든 일을 신중하게 살피면서 한 걸음 한 걸음 나아가 보세요. 어떤 일이 닥치더라도 최선을 다하다 보면 거울처럼 들여다볼 수 있는 과거가 되어 있을 거예요.

비슷한 명언

미래는 확실하지 않은 것에서 작은 가능성을 찾아내는 사람들의 것이다.
- 괴테 (독일의 문학가)

**밝은 거울은 얼굴을 살필 수 있고,
지나간 과거는 현재를 알 수 있다.**
- 공자 (고대 중국의 사상가)

41 의인막용 용인물의

의심스러운 사람은 쓰지 말고
사람을 썼으면 의심하지 말라

원문 따라 쓰기

疑人莫用하고 用人勿疑니라.

疑	人	莫	用	用	人	勿	疑
의심할 의	사람 인	없을 막	쓸 용	쓸 용	사람 인	말 물	의심할 의

함께 생각해요

사람을 잘못 믿어 사기를 당하면 손해를 보거나 정신적으로 큰 고통을 겪을 수 있어요. 따라서 일을 맡길 사람을 신중하게 알아보고 찬찬히 살펴봐야 한답니다. 그리고 마침내 결정했다면 그 사람이 믿을 만했기 때문일 거예요. 그때부터는 더 이상 그 사람을 의심해선 안 돼요. 예를 들어 내가 아파서 조퇴하면서 친구에게 공책 필기를 부탁했는데, 다음 날 친구에게 제대로 적었냐고 계속 묻고 의심한다면 친구 마음이 어떨까요? 아마 친구는 다시는 나를 도와주지 않을 거예요. 상대방이 나를 믿지 못하는 것을 안 순간, 열심히 해 주려던 마음이 싹 사라질 테니까요. 그러니 의심스럽다면 처음부터 함께 하지 않는 것이 서로에게 좋답니다.

비슷한 인물 일화

백범 김구의 좌우명

'의인막용 용인물의'는 독립 운동가 김구의 좌우명이었어요. 독립 운동은 목숨을 내놓고 해야 하는 큰일이어서 함께할 동지를 선택할 때 매우 신중하게 했고, 한번 인연을 맺은 사람은 끝까지 믿으며 생사를 함께했다고 해요.

42 화호화피난화골 지인지면부지심

호랑이 가죽은 그려도 뼈는 그리기 어렵고
사람 얼굴은 알아도 마음은 알 수 없다

원문 따라 쓰기

畵虎畵皮難畵骨이요 知人知面不知心이니라.

함께 생각해요

호랑이 그림을 아무리 들여다보아도 가죽 밑에 감춰진 뼈는 볼 수 없어요. 마찬가지로 사람의 겉모습만 보고는 속마음을 헤아리기 어렵지요. 이처럼 마음을 안다는 것은 매우 어려운 일이에요. 하지만 상대방의 말, 행동, 글 등을 보면 마음이 조금씩 표현되는 것을 알 수 있어요. 또 그 사람이 가까이 지내는 사람들을 살펴보면 교양과 인품을 짐작할 수 있지요. 나와 생각이 비슷한 사람과 어울리기 마련이거든요. 그러니 '나는 친구의 마음을 알다가도 모르겠어.' 하고 단정짓지 말고 꾸준히 이야기를 나누다 보면 친구의 진짜 모습이 보일 거예요. 그리고 겉으로는 그럴듯하게 말하면서 속으로는 딴생각을 품는 사람도 있어요. 이런 사람은 가까이하지 않는 게 좋답니다.

비슷한 속담

열 길 물 속은 알아도 한 길 사람 속은 모른다

'길'은 길이의 단위로, 2.4~3미터 정도 돼요. 따라서 열 길은 무려 24~30미터나 되지요. 물은 아무리 깊어도 들어갈 수만 있다면 볼 수 있으나 한 길도 안 되는 사람의 속마음은 알기 어렵다는 말이에요.

43 결원어인 위지종화 사선불위 위지자적 - 《경행록》

남과 원수가 되는 것은 재앙의 씨를 뿌리는 것이고 착한 일을 하지 않는 것은 자신을 해치는 것이다

結怨於人은 謂之種禍요 捨善不爲는 謂之自賊이니라.

누군가와 원수가 되면 두 가지 면에서 손해예요. 첫째, 남을 원수로 여기는 것은 그 사람을 용서하지 않는다는 뜻이에요. 이처럼 누군가를 몹시 미워하면 내 마음이 편하지 않아요. 증오에 사로잡혀 마음의 행복을 잃고 말지요. 둘째, 원수는 원치 않는 상황이나 장소에서 마주칠 수 있어요. 그럴 때마다 지지 않으려고 싸우면 영원히 갈등을 풀 수 없지요. 이는 또 다른 원한을 계속 만드는 것과 같아요.

이러한 나쁜 생각과 행동은 결국 자신에게 돌아온답니다. 즉, 착한 행동과 착한 생각을 버리는 것은 바로 자신을 괴롭히는 일이에요. 원수와 계속 으르렁거리며 스스로를 해치지 말고, 함께 행복해질 수 있도록 착한 일을 실천해 보아요.

원수 때문에 불을 뜨겁게 지피지 마라.
오히려 그 불이 너를 태우리라.

– 윌리엄 셰익스피어 (영국의 극작가)

한 가지 일을 경험하지 않으면
한 가지 지혜가 자랄 수 없다

원문 따라 쓰기

不經一事면 不長一智니라.

不	經	一	事	不	長	一	智
아닐 불	지날 경	한 일	일 사	아닐 부	자랄 장	한 일	지혜 지

함께 생각해요

우리는 경험을 통해 많은 것을 배워요. 친구의 마음을 아프게 한 말실수, 열심히 공부해서 백 점을 받았을 때 느낀 뿌듯함 등 어떤 경험이든 그 과정에서 지혜를 얻을 수 있지요. 즉, 열 가지를 경험하면 열 가지의 지혜를 얻는 셈이에요. 그리고 경험으로 얻은 지혜는 다시금 비슷한 상황에 처했을 때 이를 대처할 수 있는 힘이 되지요.

하지만 우리는 이 세상의 모든 일을 직접 경험할 수 없어요. 대신 다른 사람의 경험을 적극 활용하는 방법이 있지요. 책을 읽거나 다양한 사람들을 만나면서 글과 그들의 이야기를 통해 간접 경험을 하는 거예요. 이렇게 다른 사람의 경험도 내가 성장할 수 있는 밑거름으로 얼마든지 활용할 수 있답니다.

비슷한 속담

자식을 길러 봐야 부모 사랑을 안다

이 속담은 두 가지 뜻을 가지고 있어요. 첫째, 부모님의 사랑은 자식이 다 헤아릴 수 없을 만큼 깊고 크다는 말이에요. 둘째, 무슨 일이든 직접 경험해 보지 않으면 그 일을 온전히 알기 어렵다는 의미랍니다.

비슷한 명언

**미련한 자는 자신의 경험을 통해서만 알려 하고,
지혜로운 자는 남의 경험도 자신의 경험으로 여긴다.**

– 제임스 A. 프루드 (영국의 역사가, 소설가)

황금 천 냥이 귀한 것이 아니고 좋은 말 한마디가 천금보다 낫다

원문 따라 쓰기

黃金千兩未爲貴요 得人一語勝千金이니라.

黃	金	千	兩	未	爲	貴
누를 황	쇠 금	일천 천	두 량(냥)	아닐 미	할 위	귀할 귀

得	人	一	語	勝	千	金
얻을 득	사람 인	한 일	말씀 어	나을 승	일천 천	쇠 금

함께 생각해요

황금 천 냥이면 매우 큰 돈이에요. 하지만 돈은 써 버리면 사라지고 말아요. 반면 지식과 지혜는 결코 사라지지 않지요. 그러니까 돈보다 더 중요한 것이 바로 교훈으로 삼을 만한 성인(成人)들의 지혜랍니다. 사람은 돈만 많아서는 올바로 살아갈 수 없어요. 돈이면 다 된다는 생각이 인간의 도덕성을 무너뜨리기도 하지요. 따라서 성인들이 남긴 귀중한 지혜를 통해 인간의 도리를 익히고 실천하는 것이 훨씬 중요하답니다. 하지만 대단한 위인들만 특별한 지혜를 주는 건 아니에요. 부모님, 선생님, 친구의 작은 말 한마디가 내게 큰 깨달음을 주었다면 가슴에 잘 새기도록 해요. 그 말이 나의 인생을 완전히 바꿔 놓을 수도 있으니까요.

비슷한 인물 일화

소크라테스와 플라톤

그리스 청년 플라톤은 말솜씨가 뛰어났지만 이상한 궤변을 늘어놓기 일쑤였어요. 어느 날 플라톤이 아테네 시내를 돌아다니며 사람들에게 자신의 철학을 떠벌리고 있는데, 소크라테스가 이렇게 말했어요. "너 자신을 알라." 궤변가에 지나지 않았던 플라톤은 이 한마디에 큰 깨달음을 얻었고, 훗날 위대한 철학자가 되었답니다.

명심보감 글쓰기 ⑤

> **黃金千兩未爲貴요 得人一語勝千金**이니라.
> 황금 천 냥이 귀한 것이 아니고, 좋은 말 한마디가 천금보다 낫다.

내가 최근에 들은 말 중에 가장 위로가 되고 행복했던 말을 적어 보세요.

> **畵虎畵皮難畵骨**이요 **知人知面不知心**이니라.
> 호랑이 가죽은 그려도 뼈는 그리기 어렵고, 사람 얼굴은 알아도 마음은 알 수 없다.

친구의 진짜 모습을 알 수 있는 방법은 무엇일까요? 함께 이야기해 보아요.

> **家和貧也好**어니와 **不義富如何**리오.
> 집안이 화목하면 가난해도 좋지만, 의롭지 않으면 부자인들 무엇하랴.

화목한 가정의 특징을 모두 적어 보세요. 우리 집에 해당되는 것은 무엇인가요?

> **不經一事**면 **不長一智**니라.
> 한 가지 일을 경험하지 않으면 한 가지 지혜가 자랄 수 없다.

가장 기억에 남는 경험과 그 경험을 통해 무엇을 배웠는지 적어 보아요.

숨은 명심보감 찾기
⑤ 백화점

주말을 맞아 백화점을 찾은 사람들이 즐겁게 쇼핑하고 있어요. 그림 속에 숨은 명심보감을 찾아보세요!

1. 집안이 화목하면 가난해도 좋지만 의롭지 않으면 부자인들 무엇하랴
2. 뜻밖의 큰 즐거움을 얻었다면 앞으로 닥칠 근심을 대비해야 한다
3. 편안하게 살면 위험이 올까 염려하라
4. 지나간 과거는 밝은 거울과 같고 다가올 미래는 칠흑처럼 어둡다
5. 의심스러운 사람은 쓰지 말고 사람을 썼으면 의심하지 말라
6. 사람 얼굴은 알아도 마음은 알 수 없다
7. 남과 원수가 되는 것은 재앙의 씨를 뿌리는 것이다
8. 한 가지 일을 경험하지 않으면 한 가지 지혜가 자랄 수 없다
9. 황금 천 냥이 귀한 것이 아니고 좋은 말 한마디가 천금보다 낫다

➡ 정답은 155쪽에 있어요.

HAPPY BOX
세상에 과자를 싫어하는 사람이 어딨어?
나!!!
SWEET
두 번 다시 같이 안 온다.
자, 밥을 먹었으니 일을 해야지!
어? 일이래? 이 밥이 공짜가 아니었어?
세상에 공짜는 없어~

6장

세상을 살아가는 참된 태도 ❷

46 대부유천 소부유근

큰 부자는 하늘의 뜻에 달려 있고
작은 부자는 부지런함에 달려 있다

원문 따라 쓰기

大富由天이요 小富由勤이니라.

 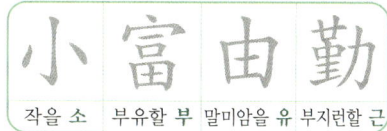

함께 생각해요

정말 큰 부자가 되는 것은 사람의 힘만으로는 쉽지 않아요. 세계적으로 유명한 기업가들이 지금과 똑같은 능력을 가졌다 해도 조선 시대의 노비로 태어났다면 어떤 기회도 얻지 못했을 거예요. 즉, 시대적 조건도 맞아야 하고 행운도 따라야 하지요. 이런 이유로 옛 선조들은 큰 부자가 되는 것을 '하늘의 뜻에 달려 있다.'고 했어요.

하지만 작은 부자는 누구나 될 수 있어요. 열심히 노력하고 성실하게 맡을 일을 해내면 먹고살 걱정은 하지 않아도 되지요. 그런데 그 작은 노력도 하지 않고 요행만 바란다면 그마저도 누릴 수 없겠지요? 내가 가진 것에 감사하고 부지런하게 일한다면 분명 복이 찾아올 거예요.

비슷한 속담

거지도 부지런하면 더운 밥을 얻어 먹는다

사람이 잘살려면 부지런히 일해야 한다는 뜻이에요. 노력 없이 저절로 이루어지는 일은 절대 없답니다.

비슷한 명언

근면은 행운의 어머니이다. 반대로 게으름은 인간이 바라는 목표에 결코 데려다 주지 않는다.

– 세르반테스 (에스파냐의 작가)

47 성가지아 석분여금 패가지아 용금여분

집을 일으킬 아이는 똥도 황금처럼 아끼고
집을 망칠 아이는 황금도 똥 쓰듯 한다

쓰지 않는 조명은 꺼 두어야지. 에너지 절약~

우아~ 이번 달 전기 요금이 훨씬 적게 나왔네. 여윳돈이 생겼으니 오랜만에 맛있는 거 사 먹어야겠다.

헉! 이게 뭐야. 이번 달 전기 요금이 폭탄이 되어 날아왔네. 너무 많이 나왔어. 이럴 줄 알았으면 평소에 좀 아껴 쓸걸…. 힝~

원문 따라 쓰기

成家之兒는 惜糞如金하고 敗家之兒는 用金如糞이니라.

成	家	之	兒	惜	糞	如	金
이룰 성	집 가	어조사 지	아이 아	아낄 석	똥 분	같을 여	쇠 금

敗	家	之	兒	用	金	如	糞
패할 패	집 가	어조사 지	아이 아	쓸 용	쇠 금	같을 여	똥 분

함께 생각해요

깨진 그릇에는 물을 아무리 부어도 채워지지 않아요. 마찬가지로 절약하지 않으면 돈이 줄줄 새어 나가 금방 바닥을 드러낼 거예요. 따라서 부를 쌓으려면 검소하게 생활하고 돈을 아껴 쓰는 태도가 꼭 필요해요. 이렇게 근검절약하다 보면 '티끌 모아 태산'이라는 속담처럼 얼마든지 부자가 될 수 있어요. 원하는 것을 마음껏 누리지 못해 속상할 순 있지만, 나중에 내 손에 쥐게 될 달콤한 열매를 생각해 보세요. 절약은 그리 어려운 일이 아니랍니다. 반대로 부모가 아무리 많은 재산을 물려주었어도 아끼지 않고 펑펑 쓰기만 하면 언젠가는 가난해지고 말 거예요.

비슷한 명언

가지고 싶은 것은 사지 마라. 꼭 필요한 것만 사라. 작은 구멍이 거대한 배를 침몰시킨다. – 벤저민 프랭클린 (미국의 정치가)

48 수지청즉무어 인지찰즉무도 - 공자

물이 너무 맑으면 고기가 없고
사람이 너무 깨끗하면 따르는 무리가 없다

원문 따라 쓰기

水至淸則無魚하고 人至察則無徒니라.

水	至	淸	則	無	魚
물 수	이를 지	맑을 청	곧 즉	없을 무	고기 어

人	至	察	則	無	徒
사람 인	이를 지	살필 찰	곧 즉	없을 무	무리 도

함께 생각해요

지나치게 옳고 그름을 따지는 결백한 사람한테는 가까이 다가가기 어려워요. 이처럼 다른 사람을 엄격하게 평가하기만 하면 사람을 잃기 십상이지요. 너그러운 마음으로 상대방을 이해하려고 해 보세요. 아마 주변에 사람들이 저절로 모일 거예요. 특히 자신을 험담하는 사람도 너그럽게 품을 수 있다면 사람들의 존경을 한 몸에 받을 거예요. 우리 인간은 그 누구도 완벽하지 않아요. 그러니 상대방이 조금 부족하더라도 넉넉히 품어 주고, 작은 잘못은 큰 마음으로 용서할 줄 아는 사람이 되도록 노력해 보아요.

비슷한 명작

《레 미제라블》

굶주리는 조카들을 위해 빵을 훔친 죄로 19년 동안 감옥살이를 한 장 발장은 출소하자마자 성당에서 또다시 은식기를 훔쳐요. 그러다 경찰에 붙잡히는데 성당 주교는 경찰에게 은식기는 자신이 선물한 것이며, 은촛대도 주려 했다면서 장 발장을 감싸고 용서했어요. 주교에게 감명받은 장 발장은 새로운 삶을 살기로 결심한답니다.

49 경목지사 공미개진 배후지언 기족심신

직접 본 일도 모두 진실이 아닐까 두렵거늘
등 뒤에서 하는 말을 어찌 믿겠는가

원문 따라 쓰기

經目之事도 恐未皆眞이어늘 背後之言을 豈足深信이리오.

經	目	之	事	恐	未	皆	眞
지닐 경	눈 목	어조사 지	일 사	두려울 공	아닐 미	모두 개	참 진

背	後	之	言	豈	足	深	信
등 배	뒤 후	어조사 지	말씀 언	어찌 기	족할 족	깊을 심	믿을 신

함께 생각해요

사람들은 대개 다른 사람에 대해 이러쿵저러쿵 이야기하는 것을 좋아해요. 그런데 사실인지 아닌지 정확히 확인하고 이야기하는 사람은 드물어요. 약간의 추측과 과장이 섞이더라도 죄책감 없이 그냥 말할 때가 많지요. 사람들에게 관심받고 싶고, 나의 존재감을 드러내고 싶은 욕심에 나도 모르게 떠벌리는 거예요. 따라서 남이 하는 말만 듣고 곧이곧대로 믿는 것은 매우 경솔한 행동이랍니다. 진짜 그 말이 맞는지 꼭 확인하는 습관을 길러 보세요. 모두가 옳다고 해도, 또 모두가 틀렸다고 해도 다시 한번 살펴서 판단하면 실수할 일이 적을 거예요.

비슷한 속담

백 번 듣는 것보다 한 번 보는 것이 낫다

직접 경험해 보는 것이 다른 사람에게 간접적으로 듣는 것보다 훨씬 빠르고 정확하다는 말이에요.

50 무고이득천금 불유대복 필유대화 - 소동파

이유 없이 천금을 얻는 것은 큰 복이 아니라
반드시 큰 재앙이 있을 것이다

원문 따라 쓰기

無故而得千金이면 不有大福이요 必有大禍니라.

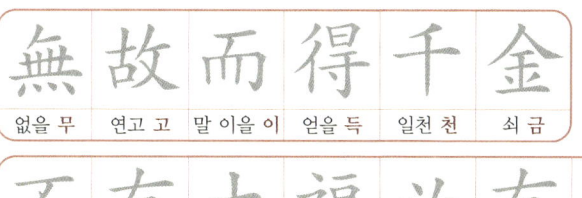

無 없을 무　故 연고 고　而 말 이을 이　得 얻을 득　千 일천 천　金 쇠 금

不 아닐 불　有 있을 유　大 큰 대　福 복 복　必 반드시 필　有 있을 유　大 큰 대　禍 재앙 화

함께 생각해요

특별한 이유 없이 큰돈이 생겼다고 생각해 보세요. 행운으로 여길 수도 있지만, 대개는 나의 노력과 상관없는 떳떳치 않은 돈일 거예요. 이는 뒷날 큰 재앙이 될 수 있으니 경계하는 게 좋답니다. 무엇보다 갑자기 큰 돈이 생기면 돈을 벌어야겠다는 절박함이 사라질 거예요. 그럼 당연히 게을러질 수밖에 없어요. 굳이 힘들게 노력할 필요가 없으니 자신을 발전시키는 공부도 하지 않겠지요. 하지만 발전 없이 제자리에 멈춰 있는 삶은 의미가 없어요. 게다가 금세 지루해질걸요? 결국 쉽게 얻는 재물은 내 인생을 나태하게 만드는 재앙인 셈이지요. 나의 정당한 노력을 통해 돈을 벌거나 원하는 결과를 얻었을 때 진짜 행복을 느낄 수 있다는 사실, 잊지 마세요.

비슷한 외국 속담

공짜 점심이라는 건 없다. There is no such thing as a free lunch.

세상에 공짜는 없다는 뜻으로, 어떤 것을 얻으려면 반드시 그에 걸맞은 대가를 치러야 한다는 말이에요.

오래 머물면 사람이 천해지고
자주 찾으면 친한 사이도 멀어진다

원문 따라 쓰기

久住令人賤하고 頻來親也疏니라.

久 오랠 구 　住 살 주 　令 하여금 령 　人 사람 인 　賤 천할 천
頻 자주 빈 　來 올 래 　親 친할 친 　也 어조사 야 　疏 성길 소

함께 생각해요

고슴도치끼리 다닥다닥 붙어 있으면 어떨까요? 서로 가시에 찔려 아플 거예요. 사람과 사람 사이도 마찬가지예요. 아무리 친하다고 해도 적당한 거리를 두는 것이 좋아요. 너무 자주 보면 편해져서 예의를 차리지 않고 나도 모르게 함부로 대할 수 있거든요. 그러면 상대방에 대한 서운한 마음이 하나둘 쌓이면서 자칫 사이가 멀어질 수 있답니다. 그러니 가까운 가족끼리도 서로를 위해 아름다운 거리를 지키는 것이 좋아요. 한 집에서 살면 어쩔 수 없이 자주 마주치겠지만, 각자의 공간과 사생활을 존중한다면 훨씬 화목한 가정이 될 거예요.

비슷한 속담

가는 손님은 뒤통수가 예쁘다
아무리 귀한 손님도 오래 머물면 귀찮은 존재가 되니 적당히 돌아갈 때를 알아야 한다는 뜻이에요.

오뉴월 손님은 호랑이보다 무섭다
더운 5~6월에는 손님을 접대하는 것이 매우 힘들다는 뜻이에요.

오늘 배우지 않으면서
내일이 있다 하지 말라

원문 따라 쓰기

勿謂今日不學而有來日하라.

함께 생각해요

배움에는 때가 있어요. 어떤 어른들은 어릴 때 열심히 공부하지 않은 것을 후회하기도 해요. '내년부터', '바쁜 일만 끝내고' 같은 핑계를 대며 배움을 미루다 보니 어느새 세월이 훌쩍 가 버린 것이지요. 여러분은 아직 어려서 공부할 시간이 많다고 여기겠지만, 시간은 여러분이 생각하는 것보다 훨씬 빠르게 흐르고 결코 기다려 주지 않아요. 아름다운 시절을 헛되이 보내지 말고, 부지런히 배우고 실력을 갈고닦으면 좋겠어요. 그러면 하루하루 쌓은 노력이 마침내 큰 강물을 이루고 바다로 나아가 여러분이 원하는 꿈을 마음껏 펼칠 수 있도록 도와줄 거예요.

배움에 관한 속담

가꾸지 않은 곡식 잘되는 법이 없다
사람을 바르게 가르치지 않으면 제 구실을 못한다는 말이에요.

공부는 늙어 죽을 때까지 해도 다 못 한다
지식을 쌓기 위해서는 평생 배우고 공부해야 한다는 뜻이에요.

53 양갱수미 중구난조

양고기 국이 아무리 맛있어도
모든 사람의 입맛을 맞추기는 어렵다

정섭아, 이것 좀 먹어 봐. 진짜 맛있어! 내 인생 케이크를 드디어 찾았다.

아, 난 단 음식은 별로 안 좋아해. 그냥 안 먹을게.

엥? 케이크를 안 좋아하는 사람은 처음 봤어. 말이 되냐? 케이크를 거부하다니!

얘들아, 정섭이는 단 음식을 안 좋아한대. 세상에 난 이런 친구 처음 봐. 진짜 말도 안 돼. 그치??

나도 단 음식 싫은데.

나도 케이크는 별로~

헉! 사람마다 입맛이 다르구나.

원문 따라 쓰기

羊羹雖美나 衆口難調니라.

함께 생각해요

사람들의 입맛은 제각각이에요. 아무리 뛰어난 요리사라도 모든 사람의 입맛에 맞는 음식을 만들 순 없지요. 입맛뿐 아니라 얼굴 생김새도, 좋아하고 싫어하는 것도 저마다 다르지요. 똑같은 말이어도 다르게 이해할 수 있고, 똑같은 물건을 보고도 다르게 생각할 수 있어요. 즉, 우리는 모두 나만의 개성을 가진 다른 사람들이에요. 당연히 의견도 서로 달라서 다툼이 벌어지기도 해요. 이때 나는 옳고 상대방은 틀렸다고 여기면 안 돼요. 각각의 생각을 있는 그대로 인정해 줘야 한다는 말이지요. 다양성을 인정하면서, 나도 다른 사람의 눈치를 보지 말고 당당하게 행동하도록 해요.

반대 속담

친구 따라 강남 간다

원하지 않는 일이지만 남이 하니까 덩달아 하는 경우를 말해요. 또 다른 사람의 생각을 무조건 따라가는 줏대 없는 사람에게도 이 말을 써요.

해와 달이 아무리 밝아도
엎어 놓은 그릇 밑은 비출 수 없다

日月이 雖明이나 不照覆盆之下니라.

해 일 / 달 월 / 비록 수 / 밝을 명

아닐 불 / 비칠 조 / 엎을 복 / 화분 분 / 어조사 지 / 아래 하

이 구절은 두 가지 의미로 해석할 수 있어요. 먼저 다른 사람들이 아무리 좋은 것을 전해 주려고 해도 내가 엎어진 그릇처럼 귀를 막고 듣지 않는다는 뜻이 있어요. 즉, 다른 사람의 충고에 귀를 활짝 열고 집중한다면 그중에 분명 나에게 도움이 되는 말이 있을 거라는 교훈을 전하지요.

또 다른 해석은, 햇빛과 달빛을 재앙으로 보는 거예요. 재앙이 아무리 나를 덮치려 해도 그릇을 엎어 놓은 것처럼 조심하고 대비한다면 나쁜 일을 피할 수 있다는 말이지요. 항상 말과 행동을 조심하면서 몸가짐을 바르게 하면 뜻밖의 재앙이 찾아와도 잘 이겨 낼 수 있을 거예요.

유비무환 (有: 있을 유, 備: 갖출 비, 無: 없을 무, 患: 근심 환)
무슨 일이든 미리미리 대비하고 준비하면 나중에 걱정할 일이 전혀 없다는 말이에요.

명심보감 글쓰기 ⑥

> 日月이 雖明이나 不照覆盆之下니라.
> 해와 달이 아무리 밝아도 엎어 놓은 그릇 밑은 비출 수 없다.

친구가 나에게 충고하면 어떤 기분이 드나요? 여러분이 느낀 점을 말해 보아요.

> 大富由天이요 小富由勤이니라.
> 큰 부자는 하늘의 뜻에 달려 있고, 작은 부자는 부지런함에 달려 있다.

부지런히 노력해 좋은 결과를 얻은 적이 있나요? 그때의 기분을 이야기해 보아요.

> 羊羹雖美나 衆口難調니라.
> 양고기 국이 아무리 맛있어도 모든 사람의 입맛을 맞추기는 어렵다.

친구들과 의견이 달랐던 적이 있나요? 그럴 땐 어떻게 하는 것이 좋을까요?

> 成家之兒는 惜糞如金하고 敗家之兒는 用金如糞이니라.
> 집을 일으킬 아이는 똥도 황금처럼 아끼고, 집을 망칠 아이는 황금도 똥 쓰듯 한다.

마음을 꾹 참으며 절약했던 경험과 그때 어떤 점이 좋았는지 적어 보세요.

숨은 명심보감 찾기
⑥ 상가

살거리, 먹거리가 가득한 상가는 언제 가도 신나요. 그림 속에서 명심보감을 찾아보세요!

1. 큰 부자는 하늘의 뜻에 달려 있고
   작은 부자는 부지런함에 달려 있다
2. 집을 일으킬 아이는 똥도 황금처럼 아끼고
   집을 망칠 아이는 황금도 똥 쓰듯 한다
3. 사람이 너무 깨끗하면 따르는 무리가 없다
4. 직접 본 일도 모두 진실이 아닐까 두렵거늘
   등 뒤에서 하는 말을 어찌 믿겠는가
5. 이유 없이 천금을 얻는 것은 큰 복이 아니라
   반드시 큰 재앙이 있을 것이다
6. 오래 머물면 사람이 천해지고
   자주 찾으면 친한 사이도 멀어진다
7. 오늘 배우지 않으면서 내일이 있다 하지 말라
8. 양고기 국이 아무리 맛있어도
   모든 사람의 입맛을 맞추기는 어렵다
9. 해와 달이 아무리 밝아도 엎어 놓은
   그릇 밑은 비출 수 없다

➡ 정답은 155쪽에 있어요.

명심보감 퀴즈

1 명심보감 구절과 그 뜻을 바르게 연결하세요.

① 굴기자 능처중 호승자 필우적
屈己者 能處重 好勝者 必遇敵

② 인일시지분 면백일지우
忍一時之忿 免百日之憂

③ 입신유의 이효위본
立身有義 而孝爲本

④ 위선자 천보지이복
위불선자 천보지이화
爲善者 天報之以福
爲不善者 天報之以禍

⑤ 은의광시 인생하처불상봉
恩義廣施 人生何處不相逢

⑥ 불결자화 휴요종
무의지붕 불가교
不結子花 休要種
無義之朋 不可交

Ⓐ 입신하는 데 올바른 길이 있으니 바로 효가 근본이다.

Ⓑ 은혜와 의리를 널리 베풀어라. 인생의 어느 곳에서든 만날 것이다.

Ⓒ 한때의 분노를 참으면 백일의 근심을 면할 수 있다.

Ⓓ 착한 일을 하면 하늘이 복으로 갚고, 나쁜 일을 하면 하늘이 재앙으로 갚는다.

Ⓔ 열매를 맺지 않는 꽃은 심지 말고, 의리 없는 친구는 사귀지 말라.

Ⓕ 자신을 굽히면 중요한 자리에 오를 수 있지만, 이기려고만 하면 반드시 적을 만난다.

⑦ 근위무가지보 신시호신지부
勤爲無價之寶 愼是護身之符

Ⓖ 부지런함은 값을 매길 수 없는 보배요, 신중함은 몸을 보호하는 부적이다.

⑧ 구설자 화환지문 멸신지부야
口舌者 禍患之門 滅身之斧也

Ⓗ 오래 머물면 사람이 천하게 되고, 자주 찾으면 친한 사이도 멀어진다.

⑨ 불경일사 부장일지
不經一事 不長一智

Ⓘ 큰 부자는 하늘의 뜻에 달려 있고, 작은 부자는 부지런함에 달려 있다.

⑩ 대부유천 소부유근
大富由天 小富由勤

Ⓙ 입과 혀가 재앙과 근심의 문이며, 몸을 망치는 도끼다.

⑪ 구주령인천 빈래친야소
久住令人賤 頻來親也疏

Ⓚ 양고기 국이 아무리 맛있어도 모든 사람의 입맛을 맞추기는 어렵다.

⑫ 양갱수미 중구난조
羊羹雖美 衆口難調

Ⓛ 한 가지 일을 경험하지 않으면 한 가지 지혜가 자랄 수 없다.

[정답] ①-F, ②-C, ③-A, ④-D, ⑤-B, ⑥-E, ⑦-G, ⑧-J, ⑨-L, ⑩-I, ⑪-H, ⑫-K

2 보기에서 알맞은 단어를 골라 명심보감의 뜻을 완성하세요.

> 보기 고기 황금 천둥 원수 위험 화목

① 집안이 (   )하면 가난해도 좋지만, 의롭지 않으면 부자인들 무엇하랴.
   가화빈야호 불의부여하 家和貧也好 不義富如何

② 사랑을 받으면 욕이 올까 생각하고, 편안하게 살면 (   )이 올까 염려하라.
   득총사욕 거안려위 得寵思辱 居安慮危

③ 남과 (   )가 되는 것은 재앙의 씨를 뿌리는 것이다.
   결원어인 위지종화 結怨於人 謂之種禍

④ 집을 일으킬 아이는 똥도 (   )처럼 아끼고, 집을 망칠 아이는 (   )도 똥 쓰듯 한다.
   성가지아 석분여금 패가지아 용금여분 成家之兒 惜糞如金 敗家之兒 用金如糞

⑤ 물이 지나치게 맑으면 (   )가 없고, 사람이 지나치게 깨끗하면 따르는 무리가 없다.
   수지청즉무어 인지찰즉무도 水至淸則無魚 人至察則無徒

⑥ 사사로운 말이라도 하늘에게는 (   )처럼 들리고, 어두운 방에서 마음을 속여도 신에게는 번개처럼 보인다.
   인간사어 천청약뢰 암실기심 신목여전 人間私語 天聽若雷 暗室欺心 神目如電

[정답] ① 화목 ② 위험 ③ 원수 ④ 황금, 고기 ⑤ 고기 ⑥ 천둥

3 보기 에서 알맞은 한자를 골라 명심보감의 구절을 완성하세요.

> 보기   貧   善   恩   禍   過   孝

① 일일불념선 제악개자기   一日不念(　　)諸惡皆自起
　하루라도 착한 일을 생각하지 않으면 나쁜 마음이 저절로 일어난다.

② 남상도상신 망동반치화   濫想徒傷神 妄動反致(　　)
　넘치는 생각은 정신을 상하게 하고, 함부로 하는 행동은 재앙을 부른다.

③ 시은물구보 여인물추회   施(　　)勿求報 與人勿追悔
　은혜를 베풀었으면 보답을 바라지 말고, 남에게 주었다면 후회하지 말라.

④ 책인자 부전교 자서자 불개과   責人者 不全交 自恕者 不改(　　)
　남을 탓하는 사람은 온전히 사귀지 못하고, 스스로 용서하는 사람은 허물을 고치지 못한다.

⑤ 효어친 자역효지 신기불효 자하효언 (　　)於親 子亦孝之 身旣不孝 子何孝焉
　내가 부모에게 효도하면 자식도 따라 할 것이니, 내가 효도하지 않고서 어찌 자식이 효도하겠는가.

⑥ 부불친혜빈불소 차시인간대장부   富不親兮(　　)不疎 此是人間大丈夫
　부유해도 가까이하지 않고 가난해도 멀리하지 않는 사람이 진정한 대장부다.

[정답] ① 善 ② 禍 ③ 恩 ④ 過 ⑤ 孝 ⑥ 貧

153

숨은 명심보감 찾기 정답

● 28-29쪽 ① 호숫가 공원

1. 착한 일을 하면 하늘이 복으로 갚고 나쁜 일을 하면 하늘이 재앙으로 갚는다
2. 착한 일은 작더라도 꼭 실천하고 나쁜 일은 작더라도 절대 하지 말라
3. 하루라도 착한 일을 생각하지 않으면 나쁜 마음이 저절로 일어난다
4. 은혜와 의리를 널리 베풀어라. 인생의 어느 곳에서든 만날 것이다
5. 하늘의 뜻을 따르는 자는 산다
6. 사사로운 말이라도 하늘에게는 천둥처럼 들린다
7. 죽고 사는 것은 운명에 달려 있다
8. 복은 지나가면 다시 구하려 하지 말라
9. 남의 선함을 보면 나의 선함을 찾고 남의 악함을 보면 나의 악함을 찾아라

● 52-53쪽 ② 패스트푸드점

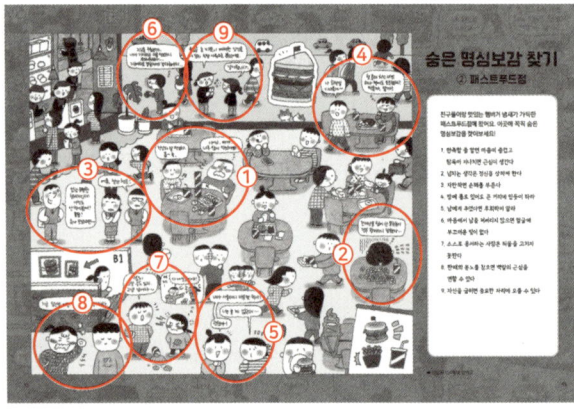

1. 만족할 줄 알면 마음이 즐겁고 탐욕이 지나치면 근심이 생긴다
2. 넘치는 생각은 정신을 상하게 한다
3. 자만하면 손해를 부른다
4. 방에 홀로 있어도 큰 거리에 있듯이 하라
5. 남에게 주었다면 후회하지 말라
6. 마음에서 남을 저버리지 않으면 얼굴에 부끄러운 빛이 없다
7. 스스로 용서하는 사람은 허물을 고치지 못한다
8. 한때의 분노를 참으면 백일의 근심을 면할 수 있다
9. 자신을 굽히면 중요한 자리에 오를 수 있다

● 76-77쪽 ③ 번화가

1. 내가 효도하지 않고서 어찌 자식이 효도하겠는가
2. 입신하는 데 올바른 길이 있으니 바로 효가 근본이다
3. 아랫사람은 일을 마음대로 결정하지 말고 반드시 집안 어른에게 여쭈어야 한다
4. 부유해도 가까이 하지 않고 가난해도 멀리하지 않는 사람이 진정한 대장부다
5. 얼굴을 아는 사람은 가득하지만 마음을 아는 사람은 몇이나 되겠는가
6. 의리 없는 친구는 사귀지 말라
7. 군자의 사귐은 물과 같이 맑고 소인의 사귐은 단술과 같이 달다
8. 먼 길을 가 보아야 말의 힘을 알 수 있다
9. 남에게 빌린 물건은 상하게 하거나 돌려주지 않으면 안 된다

154

- 100-101쪽 ④ 사무실

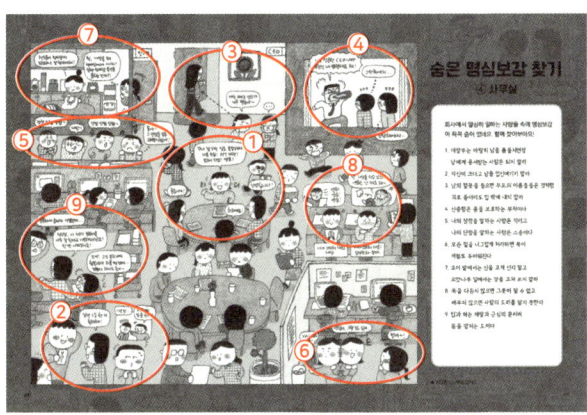

1. 대장부는 마땅히 남을 품을지언정 남에게 용서받는 사람은 되지 말라
2. 자신이 크다고 남을 업신여기지 말라
3. 남의 허물을 귀로 듣더라도 입 밖에 내지 말라
4. 신중함은 몸을 보호하는 부적이다
5. 나의 장점을 말하는 사람은 적이고 나의 단점을 말하는 사람은 스승이다
6. 모든 일을 너그럽게 처리하면 복이 저절로 두터워진다
7. 오이 밭에서는 신을 고쳐 신지 말라
8. 옥을 다듬지 않으면 그릇이 될 수 없고 배우지 않으면 사람의 도리를 알지 못한다
9. 입과 혀는 재앙과 근심의 문이며 몸을 망치는 도끼다

- 124-125쪽 ⑤ 백화점

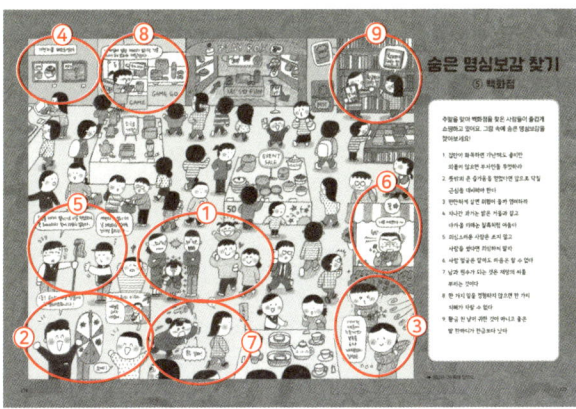

1. 집안이 화목하면 가난해도 좋지만 의롭지 않으면 부자인들 무엇하랴
2. 뜻밖의 큰 즐거움을 얻었다면 앞으로 닥칠 근심을 대비해야 한다
3. 편안하게 살면 위험이 올까 염려하라
4. 지나간 과거는 밝은 거울과 같고 다가올 미래는 칠흑처럼 어둡다
5. 의심스러운 사람은 쓰지 말고 사람을 썼으면 의심하지 말라
6. 사람 얼굴은 알아도 마음은 알 수 없다
7. 남과 원수가 되는 것은 재앙의 씨를 뿌리는 것이다
8. 한 가지 일을 경험하지 않으면 한 가지 지혜가 자랄 수 없다
9. 황금 천 냥이 귀한 것이 아니고 좋은 말 한마디가 천금보다 낫다

- 148-149쪽 ⑥ 상가

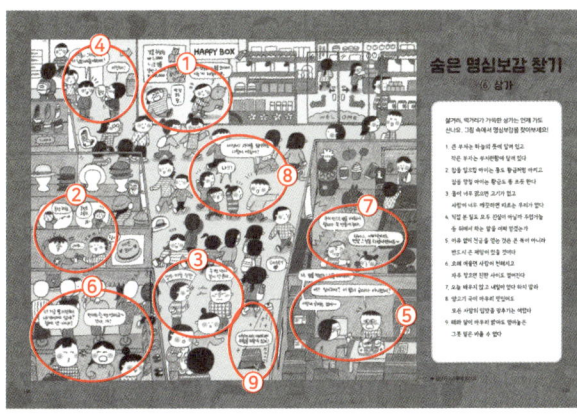

1. 큰 부자는 하늘의 뜻에 달려 있고 작은 부자는 부지런함에 달려 있다
2. 집을 일으킬 아이는 똥도 황금처럼 아끼고 집을 망칠 아이는 황금도 똥 쓰듯 한다
3. 사람이 너무 깨끗하면 따르는 무리가 없다
4. 직접 본 일도 모두 진실이 아닐까 두렵거늘 등 뒤에서 하는 말을 어찌 믿겠는가
5. 이유 없이 천금을 얻는 것은 큰 복이 아니라 반드시 큰 재앙이 있을 것이다
6. 오래 머물면 사람이 천해지고 자주 찾으면 친한 사이도 멀어진다
7. 오늘 배우지 않으면서 내일이 있다 하지 말라
8. 양고기 국이 아무리 맛있어도 모든 사람의 입맛을 맞추기는 어렵다
9. 해와 달이 아무리 밝아도 엎어 놓은 그릇 밑은 비출 수 없다

참고 도서
《명심보감》 추적 엮음, 백선혜 옮김, 홍익출판사, 2022
《어린이 명심보감》 김종상 엮음, 한국독서지도회, 2005

국어가 잡히는 초등 어휘 ❹
날마다 명심보감

1판 1쇄 발행 2023년 10월 20일

글 임성훈 | 그림 뜬금

펴낸곳 머핀북 | **펴낸이** 송미경
출판등록 제2022-000122호 | **주소** (우)04167 서울시 마포구 큰우물로76 403호
전화 070-7788-8810 | **팩스** 0504-223-4733 | **전자우편** muffinbook@naver.com
블로그 blog.naver.com/muffinbook | **인스타그램** muffinbook2022

ⓒ 임성훈, 뜬금 2023

ISBN 979-11-981499-8-5 74700
ISBN 979-11-981499-0-9 (세트)

책값은 뒤표지에 있습니다.
잘못된 책은 구입하신 서점에서 바꾸어 드립니다.
이 책은 저작권법에 따라 보호받는 저작물이므로 무단 전재와 복제를 금합니다.
이 책의 내용을 이용하려면 반드시 저작권자와 머핀북의 동의를 받아야 합니다.

어린이제품 안전특별법에 의한 기타표시사항
제품명 도서 | 제조자명 머핀북 | 제조국명 한국 | 사용연령 8세 이상
KC마크는 이 제품이 공통안전기준에 적합하였음을 의미합니다.